フランス女性の永遠の憧れ
ジョゼフィーヌに学ぶ

年をとるほど愛される女になる方法

Joséphine

伊藤緋紗子
Hisako Ito

河出書房新社

はじめに　愛される鍵はセダクションにあります

年をとるほど愛される女性になる――。

みなさんは、「そんなことあるのかしら？」と思うかもしれませんね。

たしかに、日本では若い女性がもてはやされる傾向にあるかもしれません。「若い女性が好き」と公言する男性も多いですし、「年齢を聞かれるのはイヤ」という女性も少なくないでしょう。

しかし、世界規模で考えると一概にそうとは言えません。

たとえばフランスでは成熟した女性、老齢とも言える女性が堂々と異性から求められています。

その秘密はどこにあるのでしょうか？

私はそれは「セダクション」にあると考えます。

セダクションという言葉を初めて耳にした方もいらっしゃるでしょうね。「魅惑」「魅力」などと訳されますが、私はこのセダクションに「年をとっても愛される鍵」が隠されていると思っています。

本書では、ある女性を取り上げながら、セダクションとは何か、私たちが「年をとっても愛される女性」になるにはどうしたらいいかをお話ししていきましょう。

さて、これからお話しする一人の女性は、名前をローズ・タシェ・ド・ラ・パジュリーといいます。のちにジョゼフィーヌと名づけられ、フランス皇帝ナポレオンの妻になった彼女は、18世紀に、カリブ海のマルティニーク島で生まれ、16歳で最初の結婚のためパリに渡りました。

時代も国も違う彼女の人生は、貴女《あなた》にとっては、一見、自分とは何も関係ないことに思われるでしょう。しかし、彼女のドラマチックで壮絶な人生は私たちに必要な「セダクション」を示してくれます。

夫の裏切りと死別、運命の出会い、愛人生活と再婚、夫の愛人問題と別れ……現代の女性にも起こりうる、さまざまな苦難を強い心で乗り越えた彼女は、今、フランスをはじめとするヨーロッパでどんな王妃よりも愛されています。

なぜ彼女はときを超えて忘れられない女性になったのでしょうか？
それは彼女が「セダクション」を持っていたからだと言えるでしょう。

セダクションとは何か、もう少し詳しくご説明します。

たとえばセダクションとは、「相手に貴女がもたらす幸福や快楽をほのめかしながら、相手の気をひこうとする」ことを指します。

つまり、相手をその気にさせ、相手が言い寄るのを待つこと。

現代ではあらゆるシーンで、たとえば仕事に必要な自己アピールや自己演出の中にも、「相手をその気にさせる」セダクションの技術が浸透しています。女性がこのセダクションを身につける場合、どこがポイントになるのでしょうか。若さでしょうか。美貌やスタイルなど美しい外見でしょうか。いいえ、セダクションはそれとは別の領域、心、精神的な部分に宿ります。

若さや**美貌**など**外見**の**美しさは**、そのうち**消耗**してしまいますが、セダクションは、**月日**と**共**に**蓄積**されるものです。

ジョゼフィーヌは、多くの証言によると、決して美しい女性ではありませんでした。しかし、彼女はその魅力（セダクション）ゆえに、多くの人に愛されてきました。

彼女のセダクションはどういうものだったのでしょうか。

ただ人生の一瞬一瞬を、無邪気に喜び、楽しむこと。
自分の気持ちに忠実で、いつも自分自身であり続けること。
静かにとどまることなく、いきいきと動き続けること。
意外性や創造、即興、熱情や感激に溢れていること。

こうした内面の力が、輝きと動きを与え、ジョゼフィーヌを魅力的な女性へと変えていったのです。

セダクションは、若さや美貌とは異なり、自分の意志で手に入れることができます。ジョゼフィーヌもまた、幾多の試練を乗り越え、努力によって自分を変えていきました。

本書はこうしたジョゼフィーヌのセダクションを中心に、

若さや美に頼らない異性を引きつける魅力とは何か。
どうやって自己を演出していったらいいのか。
美しいふるまいとはどういうことか。
エレガンスやシックとは何か。
愛される女性の生き方とは何か。

についてお話ししていきたいと思います。

CONTENTS

目次

第2章 「洗練」を身につける

第3章 「セクシー」を目覚めさせる

第4章 「美しさ」を自分に課す

第5章 彼の「最愛の女」になる

第6章 年を重ねるほど「輝く自分」になる

フランス女性の永遠の憧れジョゼフィーヌに学ぶ

年をとるほど愛される女になる方法

第1章

彼女が愛される秘密

なぜフランス女性は愛されるのか？

フランス女性は年をとるほどに愛されます。

それに、年をとるほど生きる欲が出て、絶好調ならぬ舌好調になりますし、なにより陽気です。いいかえれば、年をとるほどに人生を愛し、楽しむという感じでしょうか。

私が今でも思い出すのは、サン＝ジェルマン・デ・プレのレストランで見た、50〜60代の女性と男性の食事光景。それはそれはまばゆかったのです。

ワインを飲みながら一人で歌を唄うかのようにおしゃべりする女性。

派手ではないけれど、黒っぽい装いでもなく、中間色に少しローズが混じる服を身につけ、まるで人生の幸福を体現するような微笑《ほほえ》みを浮かべていました。

彼の方は、ただにこにこしながら相づちを打っていました。
あんなに女性が陽気なら、相手の男性も楽しくなるに決まっているわ、といつも思い出すのです。私はここに「人を愛すること」の本質を見ます。人を愛することは、何も「貴女を愛している」と訴えればいいというものではありません。目の前の男性が求めていること——貴女にしてほしいしぐさや、視線、口にしてほしいやさしい言葉——を、察知して、相手に投げかけること。
それもまた、愛であり、これこそがセダクションの本質なのです。

女性はこうしたセダクションを投げかけて、はじめてその「ごほうび」として、「愛」を受けるのではないでしょうか。

ジョゼフィーヌは、こうした「セダクションの投げかけ」を見返りを求めずにできた女性なのです。目の前の人が求めているものを察して投げかけるのがセダクションですから、たとえ美しく装ったり、メイクをしたとしても、ただ気取ってすましているだけでは、セダクションの力は働きませんし、かえって空《むな》しいだけ。なぜならそこに、何の動きもないですし、風も吹かないからです。

ジュエリーが貴女を素敵に見せるのは、まず、輝きという「動き」があるから。それが貴女をワクワクさせてくれますし、相手も、ジュエリーを身につけた貴女の中に「心の揺れ動き」を感じるでしょう。

でも、もっと素敵なのは貴女自身の心が宝石のように輝くこと。

年をとると、心の中に経験という宝石を持ちます。もちろん、その経験には楽しいことも苦しいこともあったでしょう。しかし、そうした心の中の宝石が貴女を魅力的に輝かすのです。この宝石は貴女を輝かせるだけではありません。

目の前の人が何を求めているか。自分は何を投げかけたらいいいか。

そうしたイマジネーションを使った「セダクションの力」も育ててくれるのだと思います。

RULE OF SEDUCTION

セダクションのルール

相手が求めているものを見極めて、それを自分から投げかける。

死ぬまで女である、ということ

フランス女性は、死ぬまで女だとよくいわれています。

年齢を言い訳にしないで、いつまでも異性から愛されるように心を配る。

これもセダクションのなせる業《わざ》です。

セダクションを持つ女性は、恋愛にまで発展しなくても、異性に対して言葉による、しぐさによる、かけひきをしかけます。

愛のボールをこちらから投げる、そして相手からきたボールを受けとる。

日常生活の中に、こうした戯《たわむ》れがあるのです。


ジョゼフィーヌもまた、最期まで女であり続けました。

相手はナポレオンではなく、ロシアのツアー大公アレクサンドル。

そのいきさつについてお話ししましょう。

ジョゼフィーヌはのちに、ナポレオンと余儀なく離婚させられることになりますが、その理由はナポレオンが世継ぎのためにハプスブルク家のお姫さまマリー・ルイーズと結婚することになったから。

しかし、ジョゼフィーヌは傷つきながらも、次第に孤独になっていくナポレオンを献身的に気遣い、連絡をとり、ときに会うこともありました。

一時は、ナポレオンの第一帝政は繁栄しますが、ヨーロッパ各地で、「反ナポレオン」の動きが勃発し、最後のとどめはロシア遠征での大敗。

ついに、1814年の年明け、ロシアをはじめ、オーストリアの同盟国がパリに侵攻し、ナポレオンは失脚します。このとき、ジョゼフィーヌと二人の子(長男と長女)は、周囲の特別な計《はか》らいにより救われました。その彼女の危機を救ってくれた人物こそが、ロシアのツアー大公アレクサンドルI世だったのです。

彼は、以前同様、マルメゾンに彼女が住めるようにとりはからい、彼自身もまた、マルメゾンに彼女を足繁く訪ねます。

アレクサンドル大公もまた彼女に魅了された一人でした。

いっぽうナポレオンは、新聞で侮辱され、側近からも見捨てられ、まもなくエルバ島に流されるというとき。ショックを受けたジョゼフィーヌは、不眠症になり、発熱をくり返していました。

そんな苦しい中でも、ジョゼフィーヌはいつアレクサンドル大公が訪れてくるかしれないと、つねに美しく装って身づくろいをしていたのです。

彼女が息をひきとった5月29日（1814年）の最期の装いは、彼女の好きなローズ色のサテンのガウン姿だったといいます。

彼女は、最期の瞬間までセダクションに溢れた「女」でした。

RULE OF SEDUCTION

セダクションのルール

どんなときも女であり続け、どんなときも愛のボールを投げ続ける。

エレガントなマナーがもたらすもの

エレガントさもセダクションのひとつ。

ジョゼフィーヌは、フランス革命後、夫ナポレオンの政府づくりに欠かせない存在となりますが、そんなジョゼフィーヌを助けたのがエレガンスでした。

ナポレオンは若い頃さんざん馬鹿にされてきたため、パリの社交界の高慢ちきな女性たちを毛嫌いしてきました。もともとは従属的な女性を好んでいたのです。

しかし、彼は社交の場では、社交界に身を置き社交術にたけたジョゼフィーヌをつねにそばに置きたがりました。彼女は情報通であり、政治の世界の人々、とくに追放された貴族たちにも信頼されていたからです。

ジョゼフィーヌは影響力のある女でした。

まず、ご婦人同士のランチ会を開くなどサロン作りに力を注いだのです。

彼女はエレガントなマナーを身につけていました。

部屋への入り方、挨拶のし方、上品な話し方、聞き方、エスプリや機転をきかせた受け答え……。

こうした都会的に洗練された、優雅なマナーは最初の夫から逃れ、修道院で暮らしていた頃に出会った、気品のある女性たちから学び、また、危機せまるパリの生活の中、高貴な女性たちから吸収したことでした。

ジョゼフィーヌが身につけた、セダクションのひとつ、エレガントなマナー。

この中でももっとも優先されることは、他人との関係です。

エレガントなマナーが伝える繊細さや思いやり、礼儀正しさが、人間のとげとげしさを消し、なりふりかまわない奪い合いになりがちな人間関係から自分を守ることができたのです。

セダクションは彼女にとってサバイバルのためにも、そして、まわりの人間関係をスムーズにするためにも、必要なものでした。

彼女はつねにまわりの人のために動きました。素直にやさしく、ときに物憂げにこの上もない女らしさをこめて。ナポレオンは、「彼女は、レースとガーゼからできていた」とのちに、回想しているのですが、それはきっと手でつかまえることが難しいほどつねに軽やかに動く彼女のイメージを言葉で表現したのでしょう。

RULE OF SEDUCTION

セダクションのルール

人を思いやる気持ちと行動。
それが究極のエレガンス。

セダクションの作り方

セダクションはどうしたら身につけられるのでしょうか。セダクションは、美しさや若さのように、ときと共に摩耗していくものではありません。

年輪と共に磨かれ、貯えられるもの。

しかし、それは誰にでも与えられるものではありません。
自分を持ち、自分で人生を切り開いた人にのみ備わるものです。
ハウツーはどこにも書いてありません。お金でも買えません。
現代は何でも、数で表そうとする風潮がありますが、そもそも数値では測れないもの。セダクション、つまり貴女の魅力は、ただ、相手がどう受けとめるかにかかっているのです。もちろん、美しさはセダクションのひとつの要素にはなるでしょう。しかし、流行の美を追いかけても意味はありません。美は内的生活、すなわち精神面に深く結ばれているのです。

時代により場所により美の形は変化するもの。その表面的美しさだけをアイコンにして、似せようとすると、ますます自信をなくしてしまうでしょう。

貴女が目指す美は、貴女自身の美しさです。

鏡を見て美しい微笑み、眼差しなど表現の研究をしてみましょう。

貴女の好きな人、愛する人、大切なお友達を思い浮かべながら……。

シワがあっても、いいのです。シワの印象が消えるくらい、人をひきつける微笑みを浮かべてみてください。私はよくこうアドバイスしています。

まず、鏡に向かって口角《こうかく》をあげて、微笑みを作ってから、そこに心と視線を呼び寄せること。

心を呼び寄せる、とは先ほどもお話ししたように、大切な人を思い浮かべること。想像力を働かせて、大好きな人を思いながら微笑んでみてください。

恋人やご主人、好きな男性がいたらその人のことを。

愛するお子さんやご両親でもいいでしょう。

昔の恋人や、思い出の中の人、もう天国に行ってしまった方でも、貴女の心を愛で満たしてくれる人であれば、誰でもけっこうです。

きっと、貴女は、鏡の中にもう一人のセダクションに溢れた貴女を見つけて、好きになるはず。シワも好きになれます。老いはたたかったり、抗《あらが》うのでなく、受け入れるものなのです。こうすることで、貴女を醜くする固い表情を追いやることができ、セダクションの値も増すことでしょう。

こうした内面から出るセダクションこそが顔に輝きを与えるのです。

RULE OF SEDUCTION

セダクションのルール

目指すのは貴女本来の美しさ。微笑みで自分の美を磨く。

セダクションは小物でも作れる

セダクションは人の手によって意図的に作り出すこともできます。

とくに、20世紀のハリウッドの美しい女優たち。

彼女たちの美しさは、男性の心を溶かす「完璧なセダクション」と言えるでしょう。しかし、これはスター自身の美しさというより、セダクションを演出する「スターシステム」によるもの。「大衆がどんな女性像を求めているか」を察し、それを形にしていく――そうした、プロフェッショナルなスタッフの技術や演出を経て作り出されたものなのです。もちろん、最後の仕上げとして「本人のナルシシズム」をプラス。これで完成です。

もちろん、私たちもセダクションを演出することは可能です。

セダクションとは、「目の前の相手が求めていることを察知して、投げかける力」だとお話しししました。

この「目の前の相手」は何も男性に限りません。

たとえば、就職活動の面接時、目の前の面接官に良い印象を持ってもらうために、相手がどんな人材をもとめているのか「察知」して、それを「投げかける」――これもまたセダクションのひとつ。

セダクションを持つ女性は、異性に限らず、自分をより魅力的に相手に印象づけることができるのです。

いずれにしても、セダクションとは相手に働きかけるもの。

ここで、あなたのセダクションを演出する、ちょっとした小道具をご紹介しましょう。

・**手紙や美しいカード**
・**美しい切手**
・**ペンとポチ袋**

私のまわりには、人生のお手本となるセダクションに溢れた女性が何人もいらっしゃいます。

そうした方々は、時々、美しいカードやお手紙に、こちらのハートにぐっと触れるような言葉を書いてくださるものです。

私がバラが好きなので、バラのカードも届きます。

別に長い文でなくても、私のことを思いやる、セダクション溢れる言葉がひと言あるだけで、とても幸せな気持ちになれるのです。

カードに加えて、手紙を送るお相手にふさわしい切手を用意するといいでしよう。

ペンとポチ袋はいつもバッグにしのばせています。現金を直《じか》に渡すよりずっとエレガントですよね。

ジョゼフィーヌはナポレオンが第一執政官となった日から、夫の目指すフュージョン（融合）の政府を平和に実現させようと、たくさんの努力をしました。たとえば、フランス革命により国外追放になった元貴族たちのフランス帰還を受け入れるため、宮殿に訪れる彼らの相談にのります。

また、職業斡旋《あっせん》を行なうため、彼女は、エンボス加工の花模様のふちどりの「ビエ」と呼ばれるカードに、推薦の言葉を書いたそうです。

それがあまりにフェミニンで美しかったため、軍隊調の男性的な政府にエレガントさが加わりました。

こまやかな小物が、大きな力となった美しいお手本ですね。

RULE OF SEDUCTION

セダクションのルール

セダクションは作れる。美しく女らしい小物で。

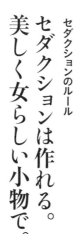

オープンハートで生きる

セダクションを演出する方法はいろいろありますが、真の意味でのセダクションは年を重ね、苦《にが》い思いや楽しい経験を経て培《つちか》われた心の栄養によって、花開くもの。心を閉ざしていては、いくら年を重ねてもセダクションは育っていきません。言葉や視線がハートと直結している女性は、セダクションが培養されやすいのではないでしょうか。とはいえ、セダクションを行ないや、言葉や表情、しぐさなどで表さなくては、相手に伝わらないでしょう。

ですから、まずこちらから、働きかけるのです。ジョゼフィーヌのやり方はいつもそうでした。

自分から相手を喜ばせるように働きかける。
恋愛でなくても、友情（**男性との、あるいは女同士**）**であっても。**
でも、決して見返りを求めず、心から相手を思って。
感動や喜びを感じることを忘れずに、オープンハートで生きる。

これがセダクションを身につける上でとても大切なことです。人は、苦労を重ねれば重ねるほど、傷つけられれば傷つけられるほど、小さなことに感動したり、喜びを感じると言います。そして、そうやって喜びを感じられると、小さなことでも満足できるようになるものです。そういうふうに年を重ねたいと思います。

なぜなら、**満足とは、幸福の控えめなかたちですから。**
心を開き、小さなことに喜び、満足を知る人は幸福なのです。

何年か前に、雑誌の仕事で、パリで何人かの女優さんにインタビューしました。テーマは「年を重ねた女性の魅力について」。

それぞれの女優さんはみな、心を開いて正直に話してくれました。

その中でもとくに印象的だったのが、ファニー・アルダンの言葉です。

「つらい経験をしても、自分を追いつめて暗く意固地にならないでね。反対に、その経験が貴女をより繊細にやさしくするように。不機嫌は、人を硬化させてしまうから、いつもジェラシーや、うらやみとたたかって、人生の苦々しさを避けるべきなのよ」

ジョゼフィーヌも、お城の中であらゆる侮辱に遭いました。

でもいつも晴れやかだったのは、小さなことに喜び、満足し、すぐ嫌なことを忘れるという特技を持っていたからでした。彼女はこうして、自分の強さを確立していったのでしょう。セダクションは、それで愛されようという意図とは関係なく、まず相手に心を開き、こちらから働きかけるもの。

幸福もセダクションも、相手に頼らず自分で作れるのです。

RULE OF SEDUCTION

セダクションのルール

心を開き、小さなことに喜び、満足する。

セダクションが作り出す強い絆

女性の人生は年代によってさまざまに変化していきますが、そのため、女性自身もつねに変化していきます。ジョゼフィーヌもそうでした。

アレクサンドル・ド・ボーアルネ子爵の妻になった16歳の頃のジョゼフィーヌはマルティニーク島からパリの都にやって来たばかり。

その後、彼女はさまざまな苦難に遭います。二人の子をもうけながらも、夫の裏切りに苦しみ、フランス革命時には、夫と同じ、パリのヴォージラール通りにあるカルム刑務所に投獄されることに。

夫は死刑になり、彼女は二人の子どもを抱えて途方にくれました。そして彼女は、ときには、政府の要人の愛人になり、囲われて生きる道を選びます。

ナポレオンに彼女を紹介したのも、当時の愛人であった上司のバラスでした。ナポレオンとの恋、同棲。最初の結婚の幻滅から、はじめ結婚にはあまり興味を示さなかったジョゼフィーヌですが、6歳年下の情熱的なナポレオンに心を許し結婚します。二人の子どもの良き父となると言ってくれたナポレオンのやさしさに賭けたのです。

それからの二人は、ずっと仲睦まじく暮らした……というわけではなく、山あり谷あり、裏切ったり、裏切られたりだったようです。でも、深いところで、彼らは強い絆で結ばれていました。

これもジョゼフィーヌのセダクションの力でしょう。

周囲の提言や、兄弟たちの悪知恵、そして、自身の世界を征服したいという自《みず》ら《か》の野望により、ナポレオンはハプスブルク家のお姫さまと再婚の道を選びます。

しかし、離婚したあとも二人はあらゆる手段を使い連絡を取り合ったのです。

そして、1814年、夫が新聞でののしられ、味方もなくなりエルバ島に流されるのを耳にしたとき、ジョゼフィーヌはこの世を去るのです。

ナポレオンはその後、1821年にセントヘレナ島で亡くなりますが、その直前、側近のベルトランにこう語ります。

「ジョゼフィーヌは私がもっとも愛した女だった。彼女は、私を心から愛し、いつも私に気に入られようと努めた女だった」

ナポレオンにもっとも愛された女、ジョゼフィーヌ。

これは彼女のセダクションを象徴する言葉だと思います。

RULE OF SEDUCTION

セダクションのルール

最高の男の最愛の女になるには、セダクションが必要。

第2章

「洗練」を身につける

洗練って何？

ジョゼフィーヌは洗練された女性でした。
洗練とは、何かご存じですか。

それは、会っているときは、あまりに自然体で気づかないのに、あとで、実は、心の奥底から発する愛ある礼儀正しさとか機転から来ているものだったと気づかせる、控えめなしぐさや行ない、表情のことです。

反対に、同じようなしぐさや行ないであっても、いかにも「してあげた」という言葉や態度がついてくると、それは洗練ではないと思います。洗練されている人は、相手からの賞賛を求めません。自分が親切な行為をしただけで幸福だからです。あとでこちらが気がついて、お礼を言ってもさらりとかわされる。

何でも大げさにせずさらりとやってのける人。これこそ洗練された人です。


自分が目立つのは、スポットライトが当てられたときのみ、というふるまい。

こうした洗練さに近づくためには、誰とも競うことのない、自分一人で満足できる「好きな趣味」を持つとよいかもしれません。

もちろん洗練さは、こうした控えめな態度だけではなく、歩き方や立ち姿、表情にも出ます。洗練された女性は、背すじが伸びているのに硬い感じはなく、首が真っ直《す》ぐで、ゆったり前進し、動作は自然で、ゆっくり話し、お化粧も軽く、ジュエリーも控えめ。髪はつやがあり、靴は磨かれ、よくコーディネイトされた装いというイメージです。

とはいえ、どれも完璧にこなそうとする必要はありません。「トゥーマッチ」と思わせる動作や装いは洗練とは言えないからです。

ただ、洗練されたしぐさは、流れるような身体の動きが求められるので、ぎこちなくならないようにするには、筋肉をつける必要はあるかもしれませんね。身体の動きも大切ですが、やはり洗練は、心の問題だと思います。大切なのは、機転。たとえば、どなたかが何かへまをしても、わざわざ取り上げず、他の話題にして、その方に劣等感を持たせない。他人のライフスタイルや、収入などについて根掘り葉掘り質問しない。

こうした他人への気配りは、敬《うやま》いの気持ちを持っていなくては、とっさには出てこないことでしょう。これこそが、本当の洗練だと思います。

でも、若い頃は、外見の美しさに気をとられがちですよね。

洗練は、人生半ばまでに体得できればいいでしょう。

現代はこうした洗練された人間が気づかれにくいかもしれません。

でも、貴女の周囲にそんな素敵な人が必ずいます。彼らはアピールしませんから、貴女が「心のアンテナ」を使って探すしかないのですが。

RULE OF SEDUCTION

セダクションのルール

さりげなく、控えめに。そっと相手を思いやる。

ジョゼフィーヌが洗練さを学んだ場所

もちろん、ジョゼフィーヌも最初から洗練されていたわけではありません。

彼女が生まれたのはカリブ海のマルティニーク島。

イギリス領になったり、フランス領になったり、覇権をめぐって争いが続いていたこの島で16歳の頃まで過ごし、ド・ボーアルネ子爵と結婚するためパリに渡ったのですが、パリに渡ったばかりのジョゼフィーヌは、夫アレクサンドルの目には何も知らない素朴な田舎娘にうつりました。

結婚して子爵夫人になったのちも、憧れの社交界でのレセプションにも連れて行ってもらえず、マルティニークから同行したユーフェミー（ジョゼフィーヌの異母妹で、黒人との混血、ジョゼフィーヌの最期まで付き添った）と、お化粧して、おしゃれをして馬車で散歩するだけ、というさみしい日々。

夫アレクサンドルはハンサムで、学識豊かで、踊りも上手ときていたので、女性にもてないはずがありません。

アレクサンドルとの間に二人の子ども（長男ユージェーヌと長女オルタンス）を持つも、夫に「オルタンスは自分以外の男の子どもではないか」と疑われ、ジョゼフィーヌはしばらくの間修道院生活を余儀なくされます。このパンテモン修道院は「離婚訴訟中」や「夫が旅行中」の上流階級の女性が共に暮らすためのものでした。ジョゼフィーヌは、この修道院で少しずつ洗練されていきました。

彼女には「洗練」の育つ土台がありました。

洗練さには、美しいふるまい以外に、「わざとらしさのない」態度がふくまれます。マルティニーク島でのびのびと育ったジョゼフィーヌは、常に物事を真っ直ぐ見て、いつも自然体で全身全霊をつくして生きる女。

「わざとらしさ」とは無縁の女性だったのです。

RULE OF SEDUCTION

セダクションのルール

わざとらしい女に、洗練は宿らない。

洗練の本質とは？

自然体のジョゼフィーヌだからこそ洗練が育ったわけですが、しかし、自然体が美しいといっても、何もせず生まれたまま、成長するまま、何の手も入れなければ、それは〝洗練〟とは言えないでしょう。

たとえば、貴女はお客様の中に、ナイフとフォークの使い方を知らない人がいたとしたら、どうしますか？

ストレートに指摘するのは、洗練さとは程遠い態度。

洗練された女性は気をひくさまざまな話題を提供して、ナイフとフォークにとまどうお客様がまわりに知られないよう気を配ります。

ジョゼフィーヌはこうした巧みな演出術、会話術などを、アレクサンドルのひどい仕打ちから一時的に逃れるため移り住んだ、パンテモン修道院で出会った貴婦人たちから学びました。

この修道院は、フォーブール・サン＝ジェルマンという当時のフランス・セレブたちの館の界隈にあり、ここにはさまざまな貴婦人たちが集まっていたのです。貴族やブルジョワジーの婦人が多く、未亡人、離婚訴訟中やセパレート（別居）などの理由から滞在する以外にも、単なるパリ滞在のために借りることもでき、上流の女性たちに囲まれて暮らせる場所でした。

ジョゼフィーヌは当時、マリー・ローズと呼ばれ（ジョゼフィーヌはナポレオンが名づけた愛称）、家庭の暴君（アレクサンドル）から逃れてここで、仲間に囲まれて、つつましく快適に暮らしたのです。

ここは、まるでヴェルサイユ宮殿の王宮の次の間のように上流階級のムードに満たされ、彼女が貴族の洗練やマナーを学ぶのにふさわしい場所だったのです。

ジョゼフィーヌは彼女たちからマナーはもちろん、会話術、ファッション、ふるまいなどを学びました。また、彼女たちから王子たちの噂話をきいてはうっとりしていました。

でも、とくにうらやましいとは思わなかったのです。

なぜなら、ジョゼフィーヌの心の中は故郷の美しい風景が占めていたからです。彼女はいつも海、草原、植物、動物などの美しい自然を求めていました。

だからこそ、貴族たちのわざとらしい不自然さ、傲慢や虚栄の混じったふるまいは、実は彼女の苦手とするところでした。しかし、ジョゼフィーヌは、決して人前で、「わざとらしい態度」に対して、嫌な顔をしなかったそうです。

これこそが、彼女の洗練の最たるものといえるでしょう。

RULE OF SEDUCTION

セダクションのルール

自分と違う人を受け入れ、傷つけない。それこそが真の洗練。

マナーは対人関係の潤滑油

南の島国で太陽の陽ざしを浴びて育つ中で培った、くったくのない微笑み、何でも受け入れようとする寛容さに、パンテモン修道院で貴族の女たちによって磨かれた洗練が加わったジョゼフィーヌ。

彼女があらゆる局面で、強運を取りこんだ理由に、周囲の人々に好かれ、愛された彼女のマナーの良さをあげなくてはなりません。

マナーとは、まさに対人間同士の摩擦をスムーズにする潤滑油でしょう。

さまざまなやりとりを通して育てていく友情や愛情とは違い、身についていればちゃんと扱われる——そうした即効性があるのがマナーの良さですが、とはいえ、ただ、おざなりにマナーを守っていればいいというわけではありません。

マナーに心が伴ってはじめて相手の心にひっかかるのです。ジョゼフィーヌが身につけたマナーもまた、単にしきたりを守るだけのものではありませんでした。

ジョゼフィーヌは、フランス革命時の恐怖政治の中、当時の夫であるアレクサンドルと同じカルム刑務所に入れられます。

カルム刑務所では毎朝、死刑台に送られる人々の名が呼ばれます。刑務所に留置された人々は興奮状態に陥り、中には考えられない大胆さをもって行動する人々がいました。夫のアレクサンドルもその一人。

彼はジョゼフィーヌと同じ独房にいた美しいデルフィーヌ・ド・クスティー

ヌ侯爵夫人と恋愛沙汰を起こした後、死刑になったのです。
ド・クスティーヌ侯爵夫人は、その後、アレクサンドルの子を出産しましたが、ジョゼフィーヌは刑務所を出たあとも、のちに執政官夫人となってからも、彼女と彼女の娘にやさしく接したといいます。

意地悪な感情で動かず、人として、相手への愛を見つけて行動する。
それがジョゼフィーヌのマナーでした。

彼女がカルム刑務所から解放された日にはまわりから拍手が起きたといいます。誰に対してもやさしかった彼女だからこそ、最後はみなが感謝の気持ちを捧げたのです。

マナーとは、相手の気持ちになって、自分だったらこうしてほしいと思うことを、こちらから先にすること。それを一生、続けることができたら、どんなに幸福なことでしょう。ジョゼフィーヌのように。

RULE OF SEDUCTION

セダクションのルール

相手の気持ちに立ち、相手がしてほしいことをする。

ナポレオンとの深い絆

今では芸能人の不倫など大きなニュースになりますが、ジョゼフィーヌの時代は愛人を持つことは日常茶飯事でした。

たとえ愛人がいたとしても、**夫**との**愛**が**冷**めたわけではない。**愛人**がいても**夫**を**愛**し**続**ける、それがジョゼフィーヌの**流儀**でした。

あるとき、エジプト遠征中のナポレオンにジョゼフィーヌの愛人の噂が伝えられたことがありました。副官や、ナポレオンの兄弟たちが寄ってたかって彼女の悪い行状を耳うちしたため、ナポレオンはいてもたってもいられません。

ナイル河下流のアブキールの戦いが終わり、パリの政治の混乱を耳にしたナポレオンは、クレベール司令官に軍隊の指揮をまかせパリに戻ります。

彼の頭の中には、政治の乱れと共に、ジョゼフィーヌの問題がのしかかっていたのです。

ナポレオンが、エジプトからパリに戻るというニュースが、シャップ（Chappe）という電報網でパリ中に届き、ジョゼフィーヌは直《ただ》ちに娘のオルタンスと共に夫に会いにパリへと発ったのですが、すれ違いとなり、彼女がパリのヴィクトワール街の館に着いたのは、ナポレオン到着から46時間遅れてのことでした。

家に戻ったときにジョゼフィーヌが不在だったことに腹を立てたナポレオンは、ユーフェミーの取りなしもむなしく、自分の寝室に入り鍵をかけてしまいます。

それから、ジョゼフィーヌとオルタンスが帰ったあとも、閉められたドアの向こうから、ナポレオンの罵《ののし》り声が響きました。

「もう、離婚だ。これでおしまいだ！」

「ちょっとでいいから開けて！」

「もう絶対、許さない」

「えっ、それって何のことで？」

長い時間ケンカしたあと、落ち着いたナポレオンはジョゼフィーヌを寝室に迎え入れ、いつもしていたように頭を彼女の膝上にのせました。

ジョゼフィーヌは、子どもにするようにやさしく額を撫で、詩を彼に詠み上げました。落ち着いた声で……。こんなふうに、ジョゼフィーヌとナポレオンは、たとえ罵りと涙づくしの派手なケンカをしたとしても、最後は、ナポレオンから態度を軟化させるのがつねでした。

ジョゼフィーヌが涙を流し、おろおろする姿を見ると、彼の心の奥底にある「弱き者を守ろうとする」想いが湧いてきて、彼女をすべて許してしまうのです。妻の愛人の存在を知ってから、ナポレオンの感情はそれまでとは違う、より落ち着いたものに変わりました。家にいるときも書斎にこもって本を読みふけっていたといいます。二人はこの後、皇帝、皇后となって国を統治するという目的に向かって「同志」となっていったのです。

二人だけの情熱にとどまらず勇気と才気とエネルギーを未来のために費やすことが二人のもうひとつの愛でした。でも、二人は心の底では、相も変わらず、お互いにひきつけ合っていたのです。

皇帝になってから、いいえ、その前からも、ナポレオンは、かりそめの愛人（アマン）との情事にふけりましたが、いつも長続きせず、すぐに冷めることがほとんどでした。なぜなら、いつも心の底にジョゼフィーヌがいたから。

二人の愛は純愛でもありませんが、二人が結びつくとパワー倍増となる力のある愛でした。「愛の錬金術」が目に見えないところで作用していたのでしょう。ナポレオンとジョゼフィーヌの愛は、熱狂、激しさと破壊、そして狂おしさや、衝動が混ざり合い、嵐のようなかたちから次第に静かな形になっていったのです。

RULE OF SEDUCTION

セダクションのルール

洗練された愛は、
永遠に続く。

ジョゼフィーヌのもうひとつの魅力

「とても美しい肌、美しい目、美しい腕をもっており、彼女はとてもパリに行くことを望んでいます。また彼女は、驚くほどの音楽の才能があります」

これはジョゼフィーヌの父が、彼女の未来の夫アレクサンドルに、娘のことを書いて送った手紙の文面です。

彼女は生涯を通じて動物や植物を愛していましたが、なによりもの宝物が「音楽」でした。ナポレオンに離婚させられた晩年の彼女は、どれほど音楽によって慰められたかしれません。

今も、マルメゾン宮殿の中には、彼女のそうした宝物が飾られています。

ここの1階にある〝音楽の間〟は、とても広く、彼女のハープやピアノが置かれたとても優雅でフェミニンな部屋です。

聴覚を鋭敏にすることは豊かな感性を身につけるためにとても大切なことです。彼女はよくここに女友達を招いて、音楽を楽しんだといいます。

ジョゼフィーヌもまた繊細な感性の持ち主であり、ナポレオンもジョゼフィーヌの感性を愛していました。

彼はイタリア遠征先から彼女に宛てた手紙の中で、「君は、レースとガーゼでできている」と彼女の透明な魅力を讃えていました。

実際に、彼女のやわらかい微笑みや、たとえば、バラがしおれたり、リボンが落ちるのも見逃さないような感性にまでナポレオンは愛ある視線を投げかけていたのでしょう。

音楽は、その場の空気を美しく繊細に揺さぶり、振動させ、心をかき乱す。そしてときには、二人の恋人を情熱の渦の中に巻き込む。

音楽は空気の一部だからこそ、「素晴らしい音楽の才能を持つ」ジョゼフィーヌは、生まれながらに、まわりの空気を読むことにたけていたのではないでしょうか。

また、彼女は音楽的才能だけでなく、魅力的な声も持っていました。ナポレオンは、ゆったりした、少し低い魅力的な彼女の声を愛し、一国の長となってからも、彼女の膝に頭を置いて、本を読んでもらうのが大好きで、たとえジョゼフィーヌと別れ話をしている最中であっても、「また本を読んでくれないかな」と頼むくらいだったといいます。

それはまさに二人でしかできない豊かな時間だったのでしょう。

ジョゼフィーヌと別れ、マリー・ルイーズと再婚した後、ますます孤独になっていくナポレオンを親しげに呼べる人間はジョゼフィーヌ一人だったといいます。周囲から何を言われても、二人の絆がびくともしなかったのは、それまでの二人の豊かな時間があったからでした。

RULE OF SEDUCTION

セダクションのルール

洗練された女は、音楽的才能を持っている。

心の洗練性を持っていますか？

若い女性は、みなさんかわいく、美しいと思います。

彼女たちに、いつまでもそのままでいてと言ってしまいたくなります。

でも、毎日毎日、ときは過ぎます。「年齢を重ねる」ことは、すべての女性にとって避けて通れない道。


その年の重ね方が重要なのです。


年を重ねたからといって物知りである必要はありません。

反対に、もっと何かを学ぼうとする女性はとても素敵です。

現在、私は、フランス文化と女性の生き方についてのいくつかのお教室を持っていますが、生徒さんの中には、私より年齢が上の人生経験豊かな女性が何人もいらっしゃいます。

彼女たちに、共通していることは、真の洗練性を持たれていることです。

すでに、教養豊かであるのに、より学ぼうと、教室にさっそうといらっしゃる。

若い女性に負けないくらいの目の輝きを持って。

私は、反対に教えられることばかりなのです。

私はそうした彼女たちの謙虚な姿勢に「洗練」を感じます。

その点、ジョゼフィーヌは、実に洗練された女性でした。

たとえば、いくつかの証言から、彼女は、分けへだてなく親切にふるまったことがわかります。ナポレオンも、部下につねに心ある態度を示したといいますから、この二人とも、「心の洗練性」を大切に生きた人間だったと思います。

きちんと年を重ねるほど、「上から目線」でいられなくなります。

なぜなら、年を重ねれば重ねるほど、「真実」が遠く見え、まだまだ修業が足らないと思えてくるからです。

ココ・シャネルも言っています。

「ある年になったら女性は肉体的から精神的な面に重きを置くことが、美しく年を重ねるための裏技よ。でもほとんどの女性がそこまで到達しません。自信過剰なのでしょうね」

真の女の勲章とは、人生の間にたまった余計な脂肪（見栄や、威圧感）をすべてそぎ落とした人にのみに贈られる「洗練性」なのではないかと思います。

RULE OF SEDUCTION

セダクションのルール

いくつになっても、謙虚に、学ぶ。

愛人を持つ、ということ

この本でよく登場する「愛人」という言葉。

日本でも昔から愛人は存在していますが、フランスでは、とくに18世紀の貴族にとって、愛人は、正妻とは別のなくてはならない存在でした。

というのも、当時の彼らにとって、結婚は血筋を絶《た》やさないため、つまり、子を作るためのものであったからです。

結婚は自由恋愛ではなく、アレンジされたお見合いによって成立し、その結婚生活に愛があるかどうかなどということは、貴族階級において問題視されませんでした。しかし、愛情はなくても、さまざまな政治的カラクリが存在します。

たとえば、ジョゼフィーヌが、最初の夫アレクサンドル・ド・ボーアルネと結婚するに至ったのも、始まりは彼女の父ジョゼフの美しい妹、つまりジョゼフィーヌの叔母デジレに、夫アレクサンドルの父のド・ボーアルネ侯爵が惚れこんだことからでした。

もちろん、ド・ボーアルネ侯爵の妻、侯爵夫人（アレクサンドルの母）は健在ですから、ド・ボーアルネ侯爵はデジレを愛人にしたいと考えたのです。

そのためには「名誉ある慣習」といわれた二つの条件がありました。

一つ目は、侯爵夫人が夫に選ばれし女性であるデジレの存在を認めること。

二つ目は、デジレを第三者と結婚させること。

そこで、デジレは、マルティニーク島の裕福な地主の息子アレクシス・ルノーダンと結婚します。しかし、二人とも気性が激しく、3年後、パリで裁判をすることになり、そこには愛人であるボーアルネ侯爵も同行したそうです。

さらにその5年後、侯爵夫人の死により、デジレは晴れて侯爵と一緒に暮らすようになりました。

以後、二人はずっと仲睦まじくフォンテンブローで暮らしましたが、ジョゼフィーヌの夫アレクサンドル・ド・ボーアルネは侯爵と亡くなった夫人との間に生まれた次男坊でした。小さい頃に夫人が亡くなったためデジレが母親がわりを務めていたのです。

デジレはアレクサンドルをジョゼフィーヌと結婚させれば、ド・ボーアルネ家と、自分たちの（ジョゼフィーヌの生家そして自分も）属するド・ラ・パジュリー家の二つの家の結びつきが強くなり、自分の立場も安泰になると考えたのでした。

ジョゼフィーヌとアレクサンドルの結婚は、このように政治的なものだったのです。

そういった18世紀の貴族は、今日いわれる「仮面夫婦」であったとしても、血筋のつながりや政治的背景をより重視しました。

夫婦の間に愛情がなくても、何も問題にならず、運良く愛情が湧けばなお良しという感覚でした。

したがって、たとえ、自分に愛人がいようとも罪悪感などはあまりなく、ましてや1780年前後の混乱期では、なおのこと罪の意識を持ちようがなかったのではないでしょうか。

しかし、その後、19世紀末頃から、プティブルジョワ（小市民）階級に波及したピューリタニズムからはこうした考え方は理解しがたいものでした。

たしかに愛人を持つことは当然のこととされていましたが、洗練された貴族たちは愛人を持つことを、慎み深く、口外しないでいました。

これもまた、周囲も、相手も自分をも敬うたしなみだったのでしょう。

RULE OF SEDUCTION

セダクションのルール

結婚と恋愛は分ける。
でも、秘密の恋愛は決して口外しない。

第3章

「セクシー」を目覚めさせる

セクシーさと年齢は無関係

「年をとればとるほど愛される」ためには、ある種のセクシーさが必要です。

といっても、ここでいうセクシーさとは、「露出された肉体」や「男性の欲情を引き出すポーズ」のことではありません。

もちろん、若い世代にはこうした直接的かつ肉感的なセクシーさもいいでしょうが、大人の女のセクシーさはこれとはまったく別のもの。

セクシーな女性とは「あれこれと想像をかきたてる女性」だと思います。

たとえば、まだあまりおつき合いをしたこともなく、ちょっと会って話したりする間柄の男性が、「彼女は、どんな日常を送っているのだろう」とか、「彼女は、音楽だったら何が好きかな」などと、あれやこれや、想像力をかきたたせる――そんな女性のことをセクシーな女性というのではないかと思うのです。

ですから、セクシーな女性になるのに年齢は関係ありません。

男性は、とくに結婚なさっている方は、相手の女性に本気になられると逃げたくなったりもしますから、かえって、安心して相談したり、話を聞いてもらえる経験豊富な中年以上の女性に魅《ひ》かれたりするものだと思います。

また、フランスなどヨーロッパの国々で「年を重ねた女性が好き」という男性の言葉を何回か耳にしました。

そういった男性は多くの場合、若い頃、同年代の娘たちの間でもてはやされたり、その分恋愛沙汰や苦い経験もしたという方が多いでしょう。

彼らは目が肥えている分、女性にはいくつになっても「セクシーさ」を求めるものです。

彼らが求める「セクシーさ」には、女性らしい色香以外にも落ち着いた静かな微笑みや細やかな気づき、かゆいところに手の届くような思いやりなど、ちょっとしたエレガントなしぐさなどが含まれていますから、こうした繊細な部分まで洗練された女性になるには、ある程度の年月が必要でしょう。

これらは年を重ねた女性だけが身につけられるセクシーさです。

もちろん、セクシーな女性になるには、見た目も大切です。

メイクやヘア、装いに時間をかけて、つねに清潔を心がけることも必要でしょう。しかし、問題は見た目だけじゃありません。

精神的なアカ（頑固、意地悪、不親切）をいつも浄化することが大切です。

落ち着きのある心の安定した女性でなくては、セクシーさを保つことは難しいように思うのです。

RULE OF SEDUCTION

セダクションのルール

セクシーな女とは、男の想像力をかきたてる女。

ジョゼフィーヌの男性遍歴①

ジョゼフィーヌもまたセクシーな女性でした。生涯において多くの男性を魅了したため、トラブルも絶えなかったようです。

そのため最初の夫アレクサンドル子爵との間に生まれてきた長女は、自分以外の他の男の子どもにちがいないと、まったく嘘の嫌疑をかけられてしまいます。

そして、ジョゼフィーヌはパンテモン修道院へ。

しかし、前述したように、夫の言うなりに入らされたパンテモン修道院の生活はジョゼフィーヌにとって、願ってもない「自分磨きの場所」となりました。

ここはヴェルサイユ宮殿の王宮の次の間といわれるほど、わけありの美しい貴族の女性たちが集《つど》う社交の場。

彼女たちの絶妙な受け答え、洗練された都会的なしぐさなどを観察しながら、彼女はここを出るまでに多くのことを身につけたのでした。

その後、彼女は訴訟を起こし、夫の側に非があると認められます。

居心地の良い修道院や仲間の女性たちとの別れを惜しみながら、彼女はひとまずフォンテンブローに暮らすボーアルネ侯爵とルノーダン夫人（叔母であるデジレ）の家に戻りました。

この時期、彼女は貴族の男性三人と愛人関係を持ちます。

その後、フランス革命が起こり、パリで別れた夫アレクサンドルと同じ刑務所に入れられたことはお話しした通りです。普通の女性だったら、刑務所に入れられた時点で絶望的な気分になって、身のまわりのことなんか、かまったりできなくなるのではないでしょうか。しかし、ジョゼフィーヌは違いました。不潔な刑務所の中でも、彼女はいつもできる限り身ぎれいにしていたそうです。そのかいもあって、男らしく、恰好も良い5歳年下のオッシュ将軍と恋仲に。

どこにいてもどんなときでも女である。それがジョゼフィーヌの流儀でした。

しかし、その関係は長く続きません。彼には新婚の16歳の妻がいて、刑務所を出た後、新しい土地へと妻と共に去ってしまったのです。でもジョゼフィーヌは、そんな後ろ姿を未練がましく追いかけるような女性ではありません。

むしろ、恋の「百戦錬磨」を重ねるうち、自分を客観的にとらえる習慣がつき、ますますクールになっていったのでした。

セクシーな女性になるには心の安定が必要だとお話ししましたが、ジョゼフィーヌは恋を重ねながら、感情を安定させる術を身につけたのかもしれません。

セクシーなジョゼフィーヌを放っておく男性はいません。このあとも年老いたコランクール侯爵の愛人を経て、国民公会議員の一人バラスの愛人となります。

バラスは育ちがよくハンサムでありながら、賢さに欠ける田舎紳士。ジョゼフィーヌに派手なパーティを定期的に開かせ、はしゃぐことが大好きでした。ジョゼフィーヌは代わりに別荘の費用を払ってもらうなど、お互いに持ちつ持たれつの関係であったにもかかわらず、バラスにとって彼女は次第に重たい存在となっていきました。

そして、ついに彼は自分の部下であり、戦闘にかけては秀でた才能をもつナポレオンに、彼女を託そうと考えるのです。

彼の言い分は、イタリア遠征の指揮官としての任務を成功させたあかつきにジョゼフィーヌをナポレオンの元にというものでした。

しかしそれ以前に二人は出会っていて、ナポレオンは彼女をひと目見たときから、情熱の炎を燃やしていたのでした。

RULE OF SEDUCTION

セダクションのルール

華麗な男性遍歴が
クールな精神を作る。

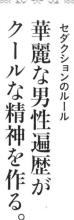

ジョゼフィーヌの男性遍歴②

華やかな男性遍歴を経て、とうとうナポレオンと出会ったジョゼフィーヌ。二人はナポレオンがイタリア遠征に出発する2日前に法的結婚式のみを行ないます。結婚後、すぐイタリアに出発したナポレオンは行く先々でジョゼフィーヌに、情熱の炎で火傷《やけど》するような手紙を送るも、彼女からの返信はなく、イラ立つばかりでした。

というのもその頃、彼女には彼とは別の愛人がいたからです。年下のイポリット・シャルルはハンサムかつ洗練されていて、ナポレオンとは正反対の男性。彼女がナポレオンと結婚した1カ月後に、彼の上司のルクレール将軍と彼女の家を訪ねたのがシャルルでした。

パリで一番のベストドレッサーで、話術も巧みな彼。またたくまに愛人関係となった二人の間に、新しいビジネス話が持ち上がります。

この時代、女性は自ら稼ぐことができません。美しくなりたくても、服や宝石は男性まかせ。しかし、ナポレオンにおねだりする、というのは彼女の意に反することでした。

シャルルとのビジネスを成功させるために、ジョゼフィーヌは元愛人バラスと戦争大臣シェレル将軍に口ききをしてもらい、彼らを仲間に引き入れます。しかし、このビジネスもその後、ナポレオンの知るところになり、1798年に終止符。彼はジョゼフィーヌに離婚もほのめかし、イポリット・シャルルとの交際もまた終止符を迎えます。

この後ナポレオンはクーデターを起こし、第一執政官、そして、皇帝への階段を上りつめていくことになるのですが、この頃から、夫婦関係は一転し、ナポレオンを振り回していたジョゼフィーヌの方が夫に首ったけとなっていきます。

しかし、前にもお話ししたように、世継ぎ問題などでナポレオンはジョゼフィーヌと離婚し、マリー・ルイーズ皇女と結婚、その後、ナポレオンの運命は暗転します。ロシア遠征でついに敗れ、最後はヨーロッパ連合軍にパリを占拠され「孤独な王」と化したのです。

いっぽう人々は、イタリア遠征以来、夫に戦いでの勝利を次々ともたらしたジョゼフィーヌを、「幸運の女神」として讃えました。

また、ジョゼフィーヌは金銭的にも恵まれていました。ナポレオンは離婚の際、ジョゼフィーヌにマルメゾン城のほかノルマンディのナヴァール城を渡し、これまでと同じ地位と暮らしを続けられるように金銭的待遇も怠らなかったからです。

たいていの場合、別れたお妃を国外など遠い地へと遠ざけるヨーロッパ王室に比べ、これはまれなことでした。

これは、ナポレオンとジョゼフィーヌが深いところで強い絆で結ばれていた

証《あかし》でもあったのです。

さまざまな男女が関わった二人の愛は、純愛とは対照的な、もっと激しい「泥まみれの愛」と言えるでしょう。

情熱の炎を燃やし、それが冷え、さまされた状態になっても頑丈でしっかりかたちになっている愛。

愛し合い、憎しみ合いながらも、自分の心の深底から真っ向から向かい合う。

そこには何の計算もなく、ただ一途に突き進んでいくジョゼフィーヌの姿がありました。

人間の弱さも、強さも、醜さも見せ合いながら愛し合う強さ……。

今でも多くの人に彼女が愛されるのは、現代にも通用するこの強さを見せてくれたからなのだと思います。

RULE OF SEDUCTION

セダクションのルール

泥まみれになっても、愛する気持ちに忠実に生きる。

ジョゼフィーヌのセクシーさ

多くの男性に愛されたジョゼフィーヌは、必ずしも絶世の美女というわけではありませんでした。

身近に接した人たちの証言によりますと、美形ではあるけれど、はっと目のさめるようなタイプではなかったといいます。

男たちがひきつけられたのは、ジョゼフィーヌの「形」ではなく、表情や微笑み、身体の動きのしなやかさなど、彼女の「動き」でした。

しかも実際の身体の動きだけではなく、心の動きも男性を魅了しました。

パリにやって来た頃の16歳のジョゼフィーヌは、マルティニークの太陽と自然の中でのびのびと成長した田舎育ちの健康的な女の子。それが、最初の夫に裏切られ、二人の子どもを出産し育て、フランス革命下で夫は死刑となる――さまざまな人生の苦しみ、哀しみを味わう中にも、楽しさ、美しさを見つけ生き延びていきました。

こうした彼女の内在するエネルギーに、男性たちは圧倒されたのではないかと思うのです。

たとえば、死に物狂いでパフォーマンスを見せるスポーツ選手には目が釘付けになりますよね。これもセダクション（魅力）のひとつ。

もちろん、陰でどんな苦労や努力をしているのかなんて、他人に見せびらかすものではありませんが、こうした真実の姿はその人の視線、表情、しぐさに現れます。この瞬間、人は大きく魅了されるのです。

喜び、哀しみ、強さ、弱さを表す「動き」の中には、美しさ、感動、意外性があるものです。そして、こうした真の人をひきつける力は、あらゆる外見上の美とは、かけ離れたものなのです。

ジョゼフィーヌがカルム刑務所から出ると、二人の子どもと、マルティニーク島からずっと一緒に行動を共にしてきたユーフェミーと、パリの街をさまよいました。


これから二人の子どもを育てて生きていくにはどうしたらよいのでしょうか。そんな彼女を助けようと、刑務所の中で知り合ったオッシュ将軍や、昔なじみの人々は彼女のまわりに集まりました。それは、悪臭の漂う刑務所でも、彼女ができる限り身ぎれいにしていたからです。

「今、私ができることは、自分を美しく装うこと。チャーミングにふるまうことしかないのだわ」

と彼女はそう思ったのでしょう。

その後、ナポレオンと結婚してからも、この自分を美しくするための努力はますますエスカレートしていったのです。このことは、ナポレオンが望んでもいたことでした。

セダクションは、まずもって努力する女性の内面から発せられるものです。

でも、謙虚と紙一重の「私なんて何してもだめよ」といった自信のなさがブレーキになっては、セダクションはパワーを失ってしまうのです。

刑務所から出たばかりのジョゼフィーヌのように「生きるための意欲が隠しきれないで見えるくらい、必死に生きる」というのがセダクションの秘訣です。

生ぬるく生きている中に、セダクションは生まれないのだと思います。

ジョゼフィーヌは、ナポレオンと最高に幸福な日々をおくったマルメゾンでも、いつも「自分」を持つ独立した女性でした。

孤独のつらさを知ったからこそ、みなに愛されたいと一生懸命努力したのです。

RULE OF SEDUCTION

セダクションのルール

愛されたいと願う必死な気持ちに、男は集まる。

「満足」は「幸福」のもうひとつのかたち

「もっとシワが少なかったら、愛されるのに」

「もっとスタイルがよかったら、愛されるのに」

こんなふうに、「もっと、もっと」と思ってしまうことってありますよね。


でも、まわりの男性たちには「今の貴女」しか見えません。


まず「今の自分」を見つめ、自分自身にとっても、まわりの方にとっても、「今の自分」を心地よい存在にすることが大切なのかもしれません。

ジョゼフィーヌだったら、どうでしょうか？

きっと、今、自分が持っている中から、自分の魅力をひき出してくれるのは何かを考え、最大限の努力をするでしょうね。

そう思いませんか。

一番大切なことは、「今の自分に満足して、今を心地良く生きていること」です。

ジョゼフィーヌは、パリに渡ってから、刑務所を出るまでの間、人生の中でも、もっともつらいときを過ごしました。

その結果、明日、明後日と未来へ続く幸運を信じられなくなったのです。

ただ、今ある現実しか見られなかった。

刑務所の中でも身だしなみを忘れず、セダクションを効かせた社交術で味方を増やし、たとえつらい仕打ちを受けた元夫であっても、彼を救うために警察庁長官に訴えました。彼女はどんなときも生きるために前向きでした。

二人の子どもを抱え、お金のない未亡人である自分。
にもかかわらず、住む家のインテリアをできる限り美しく整えたり、貧困の中でも、ひとときの幸福を味わうためにダンスパーティやどんちゃん騒ぎの場を自ら作ってきたのでした。

彼女には現実をまず見つめ、今の状態で何ができるか考え、プラスアルファの楽しい状況を作る才能がありました。

そして、その結果、満足する人生を歩んだのだと思います。
ジョゼフィーヌの生き方をみていると、「満足」こそが、「幸福」の近道なのだということに気づかされます。

今の一瞬一瞬を生きていく。
それで良いのだと思います。

RULE OF SEDUCTION

セダクションのルール

今の自分ができることを探し、せいいっぱい活かす。

ナポレオンをトリコにしたクールネス

いつでも相手の欲求を察知して差し出すセダクション。どんなときでも美しくあることを忘れない女性らしさ。今を力強く生きるエネルギー。

ジョゼフィーヌにはさまざまな魅力がありますが、なによりも男性の心を長くとらえたのは「彼女のクールさ」だったのではないでしょうか。

ジョゼフィーヌはナポレオンから何度も結婚をせまられても、なかなか首を縦に振りませんでした。初めて会ったときから「好感の持てる男性だわ」と思っていたにもかかわらずです。

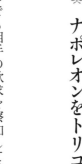

彼女が結婚を快諾しなかったのは、彼女のそれまでの経験からでした。

最初の結婚でジョゼフィーヌが目にしたのは、パリの社交界に出入りする夫の洗練の裏に隠された「卑怯さ、計算高いやりとり、わざとらしいしぐさ」。それと、貴族の女性たちの上辺《うわべ》だけの会話でした。

そして、その後の夫の裏切り。

夫の愛人の存在に深く傷つけられ、自身も愛人を持つ中で、情熱を結婚と切り離して考えなくては、おそらく未来がないことを悟ったのでしょう。それは一種の自己防衛本能からだったのではないかと思うのです。

元夫と離婚後、一度はオッシュ将軍と結婚を望むも、彼が16歳の若い妻と別れる気持ちが毛頭ないということに気づいてからは、一切、追いかけもしなかったジョゼフィーヌ。のちに現れたバラスとも結婚の話がでることはなく、そうした経験を通して、結婚への幻想が消えていったのでしょう。

愛人に結婚をせまらず、一緒にいる時間が愛に満ちたものであるよう最大限

の努力すること。

これが、人生の辛酸を味わううちに、まず現実をクールに眺めるようになったジョゼフィーヌの結論でした。

彼女の心はいつも愛に溢れていたので、一見、陽気ですぐはしゃぐ軽率な女のように思われがちですが、実際それは、目の前にある少しの幸せを天からの贈り物としてとらえる堅実な姿の表れでした。

小さな幸せを大切に味わう。でも期待をして待っていたりしない。

このクールさゆえ、ナポレオンはジョゼフィーヌを頼りがいのある、落ち着く場所を与えてくれる女としてとらえ、彼女により魅かれていったのでした。

RULE OF SEDUCTION

セダクションのルール

未来に期待しない。
ただ今を生きる。

欠点にこそ魅力が宿る

年をとるほど愛されるためには、美容に手を抜かず、ダイエットしてスタイル・キープに励み、最新ニュースにも目を配って知性を磨き、おおらかな心でなんでも許せる完璧な女性にならなくちゃ……。

そんなふうに思っていたりしませんか？

実は、逆です。欠点こそが女性の魅力を際立たせるのです。

もちろん、ジョゼフィーヌにも欠点がたくさんありました。ナポレオンは新婚当時から妻ジョゼフィーヌの問題に振り回されていたのです。

一つは、愛人問題。

そしてもう一つは、借金問題。

ナポレオンがそれをつっこみ、攻撃しても、最後はジョゼフィーヌの涙で終わり、結局は彼女の膝枕で本を読んでもらう。

それが二人のルーティンでした。

ジョゼフィーヌは、読むことも書くことも最初は嫌いでした。皇后になってからは必要にせまられて字を書くようになりましたが、それまでは、彼女があまりにも手紙を書かないため、二人の夫たちを怒らせることがよくありました。

ジョゼフィーヌは、完璧な女ではありません。

いわゆる良妻賢母型でもありません。

でももしかしたらナポレオンは、**自分を怒らせてくれる欠点だらけの女性だからこそ、ジョゼフィーヌを余計に愛したとも思えてきます。**

男性が何よりも求めるのは、リラックスした家庭です。別に妻がもっとも美しくなくても、インテリでなくとも、たとえ台所に洗った食器がそのままころがっていても良いのです。

ただ自分の話を一生懸命聞いてくれる伴侶を持つことが嬉しいのだと、周囲を見ていても思います。

ジョゼフィーヌは心の安定した女性でした。

ナポレオンはマリー・ルイーズと再婚後もジョゼフィーヌを心のよりどころにし続けました。そして、最期に、セントヘレナ島でこんな言葉を口にするのです。

「ジョゼフィーヌこそ、私が心から愛した女だった」

RULE OF SEDUCTION

セダクションのルール

欠点は愛の障害にはならない。むしろ完璧さが男性を追い込む。

第4章

「美しさ」を自分に課す

生涯「美しくあること」を忘れない

ジョゼフィーヌは生涯「身づくろい」を大切にし続けました。

おそらくそれは、自らの楽しみのためと、周囲のとくに、そのときもっとも**愛している男性**のためだったでしょう。

彼女はフランス革命後、夫ド・ボーアルネ侯爵と共に入れられたパリのカルム刑務所の陰鬱かつ非衛生的な独房の中でさえも、美しく身づくろいすることを忘れませんでした。

とはいえ、この刑務所は、私たちの想像するものとは違っていたようです。

収監されていた人々の大半は貴族で独房に暮らす男女の往き来は自由でした。お互いに慣れ親しんだ顔ぶれが一堂に集まったのですから、一種の社交界と言えます。みな広い廊下で会ったり、庭を散歩してときを過ごしたといいます。

しかしそれは、「明日のない社交界」でした。

毎日定刻に全員集められ、明日死刑台に上る名前が呼ばれたそうです。

ジョゼフィーヌは、ロベスピエールの処刑（1794年7月28日）の10日後にカルム刑務所から釈放されます。

拘留中も一生懸命努力したため、やつれはしたものの彼女の魅力は衰えていませんでした。

刑務所という最悪の環境の中でも、明日の生命も不確かな日々でも、美容を心がけていたジョゼフィーヌ。

その美しさこそがナポレオンをひきつけたのでしょう。

くり返しになりますが、ジョゼフィーヌはナポレオンと一緒になったあとも、つねに自分を美しく保つよう努力をし続けました。

ナポレオンもまた、鏡台に向かってお化粧する彼女の姿を好み、彼女がピンクの頬紅をつけたり、アイシャドウを使って顔に陰影をつけるのを見ては喜んだといいます。

ジョゼフィーヌはメイクのし方も美容法も他人から教わることはなく、自ら作り出していったそうです。

彼女は自分自身のビューティアドバイザーであり、**メイクアップアーティスト。**

つねに美のクリエイターであり続けました。

RULE OF SEDUCTION

セダクションのルール

いくつになっても、手を抜かない。自らが美のクリエイターであり続ける。

美しく装うことは誰のため？

刑務所の中でも、美を磨き続けたジョゼフィーヌを見習いたいものですよね。

私はついつい、一人で家のなかにいるときや、ちょっと近所に買い物に行くときなど、お化粧もしないですませようとしてしまうのですが、貴女もそんなとき、ありませんか。

でも、そんな自分の怠惰こそ、戒めるべきなのかもしれません。

まずは、自分のために、そして、愛する人のためにきちんとメイクをすること。そして、メイクをしたあとは、鏡に向かって、チェックする時間を設けましょう。

髪型はどうでしょう。

乱れていませんか？　上手にまとまらなければ、ターバンやスカーフを使ってまとめてみてもいいかもしれません。

カラーはちゃんとされてますか？


肌はどうでしょう。

ふだん着のメイクですから、塗りすぎはタブーです。手を入れても限りなく素顔に近いメイクがいいですね。基本はしっかりしたスキンケアが不可欠ですが。


アイシャドウ、アイライナー、リップまでチェックしましょう。

禁物なのは、アイシャドウの色が不自然に目立ったり、口紅の色が赤すぎたりの目立ちたがりメイクです。いきいきと元気そうな顔色と微笑みが美しく伝わるメイクが理想です。

出かける前、あるいは、家事の合間に鏡の前に立つこの10~15分間であなたは美しくなれます。きっと毎日が楽しくなるでしょう。それも自分だけが楽しくなるのでなく、周囲の方々が貴女に向ける笑顔も増え、やさしい言葉が返ってくるようにもなります。

貴女が鏡の前で自分にきびしい目を向けて行なったメイクの苦労が報われることは間違いありませんが、なかには、周囲から何の反応もないからと思って何の努力もしなくなる方もいるでしょう。でも、そこを心を鬼にしてずっと続けること。それは、自分自身とまわりの人々を愛することにつながるのです。

それに、**ひとたび日常の習慣となってしまえば、きっと何か素敵なことが起こります。人生って、そんなもの。**

何かをあきらめながらも、それでも信じ続けているとき、「幸運」は貴女のところにやってくるものですから……。

なので、いつも、自分が今、持っている物をすべて使って、美しくなる努力をせいいっぱいするようにしてください。

年齢がいけばいくほど、こうした努力が必要です。

でも、年齢を重ねることを悲観しないでくださいね。

それまでの人生の経験から、たくさんの知恵もついてきていますから。

鏡（目の悪い方が大半なので拡大鏡をおすすめします）の前で、できるだけていねいにスキンケアとメイクをしましょう。

している人としていない人の差は、年々、拡がっていくでしょう。

RULE OF SEDUCTION

セダクションのルール

毎朝、鏡に向かってチェックする。その習慣が貴女を蘇らせる。

みんなと違う「美しさ」を目指す

フランス革命直後のパリのことです。

貴族の館はすべて荒らされ、家具はすべて持ち出され、家族もばらばらになり、誰一人、昔の場所にはいませんでした。

もっとも欠乏していたのはパン。

夕食に行くときは、自分の食べるパンを持っていくことが義務でした。

また石けんは、法外な値段で売られていました。

ジョゼフィーヌは、パリ中の市民と同様、あちこちでダンスパーティに参加しました。これは募金のために開かれたものです。

貧しくなってしまった生活の中で、生きているだけでも幸せでした。

そしてみんなで集い、踊ったのです。1795年だけでも、パリでは600以上のダンスパーティが開かれたのでした。


テレサ・タリアン夫人はとくにファッションミューズといわれた女性ですが、ジョゼフィーヌは、彼女と一緒にあらゆる話題の公のダンスパーティに出入りしました。

彼女は質素でお金もないながらも、革命下ですっかりユニフォーム化したモードに抵抗し、自らのセンスとジュエリーを通して、平等主義、順応主義を断ち切ろうと努めたのです。

テロリストのイデオロギーにより、人間性は押しつぶされ、一掃されようとしましたが、そこから、人々は再び立ち上がって、自分自身の個性をはっきり取り戻そうとしていました。

その最高の手段は、装い。

ジョゼフィーヌは必死で他人と異なる装いを模索したのです。
もちろん装いだけではありません。ジョゼフィーヌは美女のタリアン夫人の美しさに対抗できないことはわかっていました。だからこそ、美しく見せる所作などできる限りの努力もしました。

どんなことがあっても、自分らしく美しくいることは忘れない。
それがジョゼフィーヌのセダクションでした。

他人と異なる「自分らしさ」がわからない方もいらっしゃるでしょう。
そんなときは、貴女の心の中に潜む願望の声を、全身を集中させて聞いてみてください。

どんな**女性**になりたいか。
どんな**生き方**がしたいか。

過度のインフォメーションや、流行に翻弄されている自分と距離をおいて、そのもう一人の〝私〟の声を聞くのです。自分を見失わないように。


大人の女になるということは、自分を持つことです。

自分を持つ、とはすべての感覚で好みを持つことです。

自分の2本足で立つこと。情報にまどわされずに。


それは、ジョゼフィーヌのように若くしてあらゆる苦労をくぐりぬけると、あらゆる感覚が目ざめるので、「大人の女」への近道を進めます。

しかし、そうではなくても、自分の感覚を研ぎ澄ますことで、個性を創り出すことは可能です。これは、自分だけしか創れないものなのです。

大人の女は、アンチ・トレンディ、コピーをしないこと。内なる声に従って「自分の個性」を創り、自信をもって表現してください。

RULE OF SEDUCTION

セダクションのルール

大人の女になる、ということは、
「自分の好み」を持つということ。

大切なのは愛する男からのアドバイス

メイクにはさまざまなセオリーがあります。

目立たせるのは、アイ（eye）かリップ（lip）のどちらか。

アクセサリーはイヤリングかネックレス。

そして靴とヘアスタイルのどちらかをあえてはずす。


こうしたおしゃれの〝塩梅《あんばい》〟をジョゼフィーヌは心得ていたのでしょう。

いつも美しく化粧をする彼女の姿はナポレオンのお気に入りでした。

実はジョゼフィーヌ以上に彼女のメイクにこだわったのは、誰でもなくナポレオン本人だったのです。

彼は、自分の嫌いなお化粧品のビンをわざと倒したりと、かなり口うるさく、ふみこんでアドバイスしたそうです。

またスタイルについても優雅できゃしゃな女性が好みで、ジョゼフィーヌは、体重をつねに気にしていたのでした。


とくに装いについてはうるさかったようです。

派手な色よりそして黒よりも白が好き。

スタンドカラーに直線型スカート。

袖は長く、あまり肉体を露出しない慎ましやかなもの。


ジョゼフィーヌは、彼の好みに合わせた上で、ハイウエストでしなやかなボディラインを美しく見せるスタイルを創りました。このドレスはエンパイア（帝政）ファッションとして、彼女に驚くほど似合いました。

彼女は、このとき（25歳から30歳）の装いがもっとも美しく見せることを知っていて、晩年になりモードが変わってもつねに同じスタイルで通したといいます。なぜなら、このドレス（素材はビロードやタフタ）こそ、ナポレオンとジョゼフィーヌの二人の合作でしたから。

ジョゼフィーヌはナポレオンにとって、どこまでも、従う女でした。

ただし、彼女はそこに新しい工夫を入れることも忘れませんでした。

貴女も「人生の男」と決めた男性のアドバイスに、自分の持つ良いセンスを加えてみてはいかがでしょうか。きっとセダクションの香りが漂うと思います。

セダクションを発揮するには、ときに相手が必要です。

〝彼〟が魅力を送り、そして〝私〟がそれに答える。

キャッチボールみたいなものなのかもしれません。

RULE OF SEDUCTION

セダクションのルール

愛する男の好みに合わせつつ、
自分らしさをひとつまみ。

忘れてはならない〝遊び心〟

セダクションの力を働かせるには、リラックスが大切。あまり真面目すぎたり、神経質になると逆効果です。

作り込んだおしゃれより、何気なさの中に、「きらり」と光る「粋さ」を盛り込むこと。

自分をよく見せたいと必死でアピールしたい気持ちが見え隠れしたとき、セダクションの力は消えるのです。本書をご覧になって、「メイクをチェックしなきゃ」

「自分らしさを探さなきゃ」

「相手の好みに応えなきゃ」

「そこに工夫を加えなきゃ」

など、「○○しなきゃモード」になったら要注意。

もちろん、これらは大切なことですが、できる範囲でいいのです。

「完璧主義」が顔を出したら、少し怠け者になったり、気楽なところを出してみるといいでしょう。気を抜くことです。

欠点を隠すかわりに出して、長所にするくらいの大胆さを持ってください。

そして、ときに自分を縛る「完璧主義」から逃れるために、次の言葉を思い出しましょう。

「できすぎた女性は女性をたいくつにさせ、男性をうんざりさせる」

装いに関しても、遊び心をもって楽しみましょう。

遊び心は、貴女が人生の中で養ってきたイマジネーション（想像力）とファンタジー（妄想）のなせる業なのです。

RULE OF SEDUCTION

セダクションのルール

「完璧主義」は忘れて、遊び心を取り入れる。

第5章

彼の「最愛の女」になる

もしも、嫉妬に苦しんだら

恋愛がうまくいっているときは幸せです。
でも、永遠にそれが続くことはまれでしょう。
ときには嫉妬に苦しむこともあるのではないでしょうか。

貴女は今まで、嫉妬に苦しんだことがありますか。

とても好きな男性（恋人、夫）のすべてを我が物にしたいと思うのは当然のことでしょう。そこから湧き出す彼の周囲の女性に対する嫉妬……。
こうした嫉妬の感情は自分が壊れてしまうほど苦しく、せつないものです。

ときには、現実が見えなくなったり、妄想にとらわれてしまったり。

大事なのは、貴女の愛する人が相手の女性に対してどんな気持ちを抱いているかということですが、それがわからないまま想像だけで苦しんでしまうことも多いのではないでしょうか。あるいはすべてをクリアにしたくて問いつめたり、相手の女性に連絡したりしてしまうかもしれません。

もしも、彼が別の女性に魅かれたとしても、それが一時の花火として終わるのか、それともずっと続くのかはわかりません。

人間は弱いもの。ですから、貴女の態度次第で、運命を変えることだってあるのです。ジョゼフィーヌのように……。

ナポレオンとジョゼフィーヌの結婚当時の関係は、ナポレオンの情熱の方が圧倒的に勝っていました。彼がイタリア遠征の戦いの中、毎日のように熱いラブレターを書いたのにもかかわらず、ジョゼフィーヌは浮気三昧。

パリの留守宅で、24歳のハンサムでダンディなイポリット・シャルルと仲良くなっていたのは前述した通りです。

しかしこの関係は、次第に逆転していきます。エジプト遠征にあって、ナポレオンは、フーレス中尉のコケットな妻ポーリーヌと恋仲となります。そして、皇帝ナポレオンの誕生した1804年の戴冠式後から、彼の周囲には、いくつもの「愛人の噂」がつきまとうようになったのでした。

それからの4年間というもの、ジョゼフィーヌは一見超然としているものの、その実、所有欲に燃え嫉妬深く、あるときは距離を置き、またあるときは近づいたりと、落ち着かない日々を送りました。

愛人の一人は、ミラノの豊満な歌姫のグラッシーニでした。

ジョゼフィーヌは、信頼する女友達の一人のド・クレミィ夫人に打ち明けて、彼女の娘にグラッシーニの家を探してもらうことに。ナポレオンはそれを知り、以後、グラッシーニと会うのは不意の訪問のみにしたといいます。

嫉妬に燃え、夫から一歩も離れずどこへ行くにもついていくジョゼフィーヌ。彼女はナポレオンのどんな旅にもついていったそうです。

あるとき、ナポレオンが夜中に車に乗って出発しようとすると、驚くことに、そこには準備万端のジョゼフィーヌが。


「でも、遠くに行くから君には苦痛だよ」

「いいえ。全然、平気よ」

「でも化粧道具は？」

「もう全部、用意したわよ」


ナポレオンはこのときのことを、最期の地となるセントヘレナで「ほとんどの場合、私が折れなくてはならなかったのだ」と自慢げに話したといいます。

ジョゼフィーヌはナポレオンとの間に子どもはいませんでした。

だから、彼女には「いつ離婚されるかもしれない」という恐怖もあったのでしょう。ヤキモチはとどまるところを知りませんでした。

しかしそんなジョゼフィーヌの嫉妬は、ナポレオンにとっては「自分への深い愛」に感じられたのでしょう。ナポレオンは死ぬ間際にこうも語っています。

「私は彼女と離婚したいと何度か思った。しかし、彼女は私にとても未練があるし、私も好きだった。なぜって、彼女は一度だって私と別れたいと思わなかったから……」

彼らは嫉妬を通し、お互いの所有欲を確認し合っていたのでした。

愛ある嫉妬は、ナポレオンのハートを再びつかんだのでしょう。

貴女がもしも嫉妬を感じたら、ジョゼフィーヌのように心に忠実に、素直な悪女になりきって、その嫉妬心を相手に伝えてもいいのかもしれません。

いつかは自分のもとに帰ってくることを信じて。


セダクション溢れるかわいい嫉妬は、男女をより深く結びつけると思います。

RULE OF SEDUCTION

セダクションのルール

愛ある嫉妬は二人の結びつきを強める。

パートナーときちんと距離を保てますか？

嫉妬の気持ちを隠さず、彼にぴったり寄り添う。

そんなジョゼフィーヌでしたが、若い頃から人生の辛酸をなめてきたからでしょうか、前にもお話ししたように、情熱と同時にクールさも持っていました。

それはたとえば、快楽と結婚生活を切り離して考えた点にも表れていました。

彼女は愛や情熱と家族の幸福を混同し、夢見がちなナポレオンのたずなを締めます。そんなクールな彼女はナポレオンの目には「頼りになる女」としてうつったのです。

彼女は一見陽気ではしゃいでいましたが、決して軽率ではありませんでした。

未来の幸福を追いかけるより、目の前のことに目を向ける。
少しばかりの幸運すらも天からの贈り物として、喜んで受け入れる。

度重なる社交の場では、どんなに疲れていても嫌な顔ひとつ見せず、みなに笑顔で接するなど、自分を制することにたけた女性でした。

それは社交の場だけではなく、夫婦関係にも言えることでした。

かわいらしい嫉妬心はあったものの、つねに自分と夫の間に理性ある距離を持って、夫に迷惑をかけることをできる限り最小限にとどめようと努力したのです。

たとえば、夫に気に入られようと彼女は高価な服、宝石、アクセサリーなどを買い求めましたが、夫になるべく迷惑をかけたくないと闇のビジネスに手を染めました。

結局は借金がふくれあがり、皇帝になったナポレオンに返済してもらうという、ジョゼフィーヌにとってもっとも避けたかった結末になってしまったのですが。

いずれにしても、夫婦だからと相手に頼り切ったり、すべて透明にする関係はセダクションを感じません。

自分の重さごとすべて相手に寄りかかるのでなく、自分の中で解決できることは、できる限り自分でする。

それが洗練された女性になるために必要なことではないでしょうか。

ナポレオンは、そんなジョゼフィーヌの独立的精神も評価していたのではないかと思うのです。

自分を制する力は、自制心とも言えるでしょう。「自制心のある女」は愛する男に負担をかけず、結果的に良い関係を長く続けることができるのではないでしょうか。

RULE OF SEDUCTION

セダクションのルール

パートナーに依存しすぎない。目指すは「自制心のある女」。

自分が表舞台に立つより、彼を一番にする

今の時代、男女平等という考え方は当たり前になりました。
とくに先進国での女性たちの活躍はめざましいものがあります。
その反面、「女性は女らしく、男性は男らしく」と、小さい頃から女の子はピンクや赤、男の子はブルーやネイビーを着せられ、はっきり区別して育てられる現状を目の当たりにします。

いくら男女平等の世の中であっても、「女らしさ」は忘れたくないもの。

3年前、北イタリアに旅したときのことです。

「白トリュフ」で有名なアルバで、市長舎を訪れ、女性市長とお会いしたことが今でもとても印象に残っています。

彼女は物腰やわらかく、とても自然体でしたので、私は初対面にもかかわらずいろいろ質問してしまいました。

彼女は市長という要職に就《つ》きながらも、あくまでも「女性目線」で物事を考え、夕方になれば家に帰りきちんと夕食を作る、家庭を第一に考える女性でした。

そしてそんな女性市長を男性職員のみなさんがしっかりとサポートしているのを目の当たりにして、こうした人々が周囲にいたら、女性市長もスムーズにいくだろうなと思いました。市長自身も、はるばる日本から訪ねてきた女性たちになんと素敵な微笑みや真心で接してくれたことか。

先日、トランプ大統領来日の際、歓迎ディナーのメニューに「アルバの白トリュフ」と書かれていたのを見て、あのやさしい女性市長を思い出したのでした。

ジョゼフィーヌもまた「女らしさ」に溢れた女性でした。

「彼女に一度会った人々はみな、ひきつけられた」と至るところに描かれていますから、ジョゼフィーヌもまたアルバの女性市長同様、強さ、いさましさよりも、女性らしい細やかな微笑みや真心で人に接していたのでしょう。

女性が男性と同じように仕事をする場合、「女らしさ」は邪魔だと思う方もいらっしゃるかもしれませんね。

でも「女らしさ」は武器になる場合もあります。

ジョゼフィーヌがそうでした。

自分が表舞台に出るのではなく、彼女が人生の中で培った人脈をもって夫を支え、ナポレオンを皇帝の地位にまで上らせたのです。

ナポレオンがフランス革命のあとに夢見た政府は、フュージョン（融合）の政府でした。つまり、貴族もいれば共和主義者もいる、あらゆる階層の人々が集まったひとつの融合体である政府を作るということでした。

しかし、コルシカ島生まれのナポレオンのまわりには貴族はいません。

そこで、貴族階級とのつながりのあるジョゼフィーヌが彼のサポートをしたのでした。

彼女の周囲にいた貴族たちは、ナポレオンが第一執政官になってからは、仕事の斡旋《あっせん》を依頼したり、国外追放者リストからはずすよう頼むために、彼女の元にやってきました。つまり、彼女のおかげで、ナポレオンは自分の理想を実現することができたのでした。

RULE OF SEDUCTION

セダクションのルール

全力は尽くす。「女らしさ」は忘れずに。

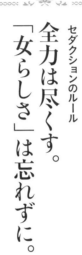

女友達とのつき合い方

女性の人生の中で、女友達の存在はとても大切です。

とくに、恋愛や結婚を経て、男性と向き合うことの難しさを知ると、女友達の存在の貴重さ、ありがたさによりいっそう気づくことができるのではないでしょうか。

素晴らしい人間関係は私たちの人生を豊かにしてくれますが、あくまでも、適した距離を保つことが鍵です。

大人の女友達は学生時代の頃のような、一緒に歩くための存在でも、長電話の相手でもありません。それに、お互いの家庭、私生活をやたらと暴露するような週刊誌的つき合いももう卒業しているはずです。

信頼と尊敬、経験に裏打ちされた理解に溢れ、お互いの私生活や秘密を大切にしながら紡ぐ友情は、女性同士だからできることでしょう。

ジョゼフィーヌもまた多くの女友達を持ち、まわりの素敵な女性たちによって次第に洗練されていきました。彼女は、信頼を寄せた女友達にはとことん親切に接したそうです。

たとえそれが、夫の愛人であっても……。

カルム刑務所で、明日の人生に生きる希望をなくした最初の夫アレクサンドルの愛人、デルフィーヌ・ド・クスティーヌ侯爵夫人は、のちにアレクサンドルの子を出産しました。

ジョゼフィーヌとしては、許せない気持ちになるでしょう。

しかし、彼女は違いました。

のちに皇后になると、再婚相手がナポレオンの政府の一員だったため、デルフィーヌ・ド・クスティーヌ侯爵夫人にとても親切に接したといいます。

ハプスブルク家の王女マリー・ルイーズに対しても、ジョゼフィーヌは彼女のためにナポレオンから離婚されたというにもかかわらず、娘オルタンスをよく彼女のそばに行かせては、話し相手、相談相手に（間接的に）なっていたのです。

寛大で、情の深いジョゼフィーヌだからこそできたのでしょう。

もし貴女が周囲に、そんな手を差し伸べたい女性がいたら勇気を出して、〝心〟の扉を叩いてみてください。

でも、あくまでも恩着せがましくしないで……。何気なく、さらりと、でも心の底は温かく。ジョゼフィーヌは、それができる女だったからこそみなに愛されたのだと思います。

RULE OF SEDUCTION

セダクションのルール

大人の女は女友達に、なにげなく手を差し伸べる。

ジョゼフィーヌが「最愛の女」になった理由

「私が愛した唯一の女はジョゼフィーヌだった」

そう、ナポレオンは、くり返しました。

なぜ、ジョゼフィーヌはナポレオンの最愛の女になることができたのでしょうか。何度もお話ししてきましたが、もっとも大きな要因に彼女のセダクションがあります。セダクション、それは相手の気持ちを察して、こちらから投げかける愛のふるまい。ジョゼフィーヌは「尽くす女」でした。

もちろん彼女のクールさもナポレオンの心をとらえた要因ではありました。

出会った頃からナポレオンに心ひかれていたにもかかわらず、ナポレオンが我を忘れて恋に落ちるいっぽう、心を鬼にして、自らの感情を表そうとしませんでした。その冷静さが彼の心をとらえたのです。

1796年3月9日、二人は結婚します。しかし、生まれも育ちも異なる二人の結婚はどう考えても、やさしい道のりであるはずはないということは、当の本人たちが一番よく知っていたはずでした。しかし、二人は乗り越えます。

このとき、ナポレオンが彼女に贈った金とエナメルのロケットに「AU DESTIN」（運命の下に）と刻まれていたことがそのことを象徴しています。

結婚当初は若い愛人を作るなど、ナポレオン一筋とはいかないジョゼフィーヌでしたが、そんな彼女にナポレオンは離婚を持ち出します。

そのときの彼女の涙がナポレオンの心を揺さぶり、彼の気持ちを変えるのですが、ジョゼフィーヌもまた、彼への愛に気づいたのでしょうか。

それを境に、ジョゼフィーヌは、それまでのすべての人間関係を断ち切り、

夫のために全力で尽くします。

国の長となる階段を上るナポレオンの心は、以前より彼女一途ではありませんでした。しかし、ジョゼフィーヌは、心底からナポレオンを愛し、彼のためにあらゆる努力をしたのです。

しかし、その後、二人は離婚。離婚は、ジョゼフィーヌにとって、もっとも悲しいことでしたが、ご承知の通り、ナポレオンの彼女に対する愛は変わらず、彼女はこれまで通り「皇后」の地位と、マルメゾンの他、二つのお城を与えられます。

とくにマルメゾンにおいては、彼女は大好きな植物や動物に囲まれ、サロンも催すなど、優雅な暮らしを最期まで続けることができたのです。

ナポレオンは、生前、こんな言葉も吐いています。

「私は戦いに勝った。しかし、ジョゼフィーヌはハートの戦いに勝ったのだ」

ナポレオンは、離婚後も彼女に対する愛情を隠すことなく、ときには、マルメゾンの家を訪ねたともあります。

そして、1814年5月29日、追放されたエルバ島でジョゼフィーヌの死を知らされたナポレオンは、深い心の痛手を負い、何日間も哀しみの中に、ときを過ごしたといいます。

ジョゼフィーヌは「尽くす女」でした。無理矢理別れさせられたあとも、夫を悪く言うこともなく、ただただ運命を受け入れます。

彼女はまた、ナポレオン同様、最愛の夫を最期まで讃えていたのです。

RULE OF SEDUCTION

セダクションのルール

愛する男にはとことん尽くす。
そして、讃える。

愛される女の秘密

なぜジョゼフィーヌは、これほど男性たちに愛されたのでしょうか。

ご存じのように、彼女は「尽くす女」。

自分を愛してくれる男のためになることを一生懸命する女でした。

結婚当初は愛人もいましたが、ナポレオンのためにこれからは生きていく覚悟を決めた彼女はもう後ろをふり返りませんでした。

彼女は他の女性のように感情のみに動かされません。

過去の夫との経験から結婚に幻想を抱かず、理性を持って動き、バランスの取れた人生を歩みました。

彼女の武器は男性を魅了するセダクションとセックス。

ナポレオンが第一執政官時代の5年間、二人は、ずっと同じダブルベッドで夜を過ごしました。

他の時間は休むことができなかったくらい彼が多忙な時代です。

にもかかわらず、ナポレオンは、出会いから20年たった後にもこう言っていたそうです。

「凄い女だ。彼女はベッドにいるときも魅力的。そして装うときも……」

ジョゼフィーヌは愛に生きる女でした。

いつも忙しい夫の不機嫌さにいらつくこともなく耐え、夫好みに装い、彼女のやさしさやしなやかさ、女らしさはナポレオンの愛を引き出しました。

ナポレオン「君は本当に僕の宝なんだ。何時間もずっとこうしていたい」

ジョゼフィーヌ「どうやって？」

ナポレオン「永遠に眺めて……君の目は、目を見つめるたくさんの男の魂でいっぱいだ。でも僕は気にしない。今、君は僕のものだから」

ナポレオンは、セントヘレナ島でこんなセリフを口にしていました。

「ジョゼフィーヌは夫に幸せをもたらした。そして、つねに尽くすもっともやさしい女友達だった」（1816年5月19日）

愛に生きるのに年齢は関係ありません。

もし、今、貴女に愛する人がいるのなら、もっともっと心から愛を表現してみるのはどうでしょう。美しい服や輝くメイクが負けるくらい、愛の表現ができたら、貴女はいつか、愛の返礼を受けることになるでしょう。

あきらめずに続けることです。

自分を信じ、自分を強くもって、気長にやってみてください。

RULE OF SEDUCTION

セダクションのルール

愛に生きるのに年齢は関係ない。
今すぐ愛を表現すること。

ジョゼフィーヌのコケットリー

彼女はフランス革命の生き残りです。しかし、新しい時代の動きに従うことなく、身をすくませるのでもなく、彼女がこれまで生きてきた価値観やふるまいを捨てず前を見て生き抜きました。みな同じユニフォームに甘んじていた革命後のパリに、少ないアクセサリーを使って、個性的な装いをクリエイトし、ナポレオンが第一執政官となると、パリに再びエレガンスをもたらします。

ナポレオンがのぞんだのは、モードやあそび心を消すことなく、ふしだらさを除くこと。ナポレオンもジョゼフィーヌも装いを通して自己表現をし、新しいスタイルを創り上げていったのです。

ナポレオンはジョゼフィーヌのスタイルを絶賛します。

「彼女はアートであり、優美さそのもの。装った彼女を見るくらい、素晴らしいときはなかった」

その結果、革命前には、貴族しかまとうことができなかったジュエリー、毛皮、帽子、手袋など職人の手による芸術的な小物が、ブルジョワ階級にも身につけられ、パリは世界に誇るモードの都となったのでした。

革命後、ジョゼフィーヌはひんぱんに催されたダンスパーティに美しいファッションリーダーとの評判の高いタリアン夫人と共に参加します。

コケットリーという言葉をご存じですか？　セダクションの要素のひとつで、個性を大事にして堂々と試練に立ち向かっていく姿勢です。また、ルールを嫌い、赤い口紅、妖婦的メイクなどで自分を奮い立たせることをさします。

ジョゼフィーヌとタリアン夫人、二人のコケットな女たちは当時の陰鬱なパリを明るく照らし、傷ついた人々に元気と励ましとやる気を起こさせたのです。

RULE OF SEDUCTION

セダクションのルール

女のコケットリーは
まわりの人々を照らす光。

第6章

年を重ねるほど「輝く自分」になる

内なる声に耳を傾ける

いかがでしたか？

ここまで、ジョゼフィーヌの愛し方、愛され方を通して、セダクションとは何か、どうしたら「愛される女性」になれるのかについてお話ししてきました。

セダクションは年齢とは関係ありません。フランスの女性たちが老いを怖れず、受け入れ、美しく生きているのはお話しした通りです。

ここからは、ちょっとジョゼフィーヌから離れて、年齢について考えてみたいと思います。

みなさんは年をとることについて、どんなふうに感じていますか。

若さや華やかさは絵になりやすいので、若者はＣＭなどマスコミに取り上げられがち。何も人生経験のない若者たちは、若者でなければ輝けなくなると思うかもしれませんね。でも、それは、若さという〝ボディ〟のみに価値がおかれているだけ。〝ボディ〟には、寿命がついてまわります。中年になると、自分の肉体にあらゆる変化が表れたり、家族（両親や、祖父母）の老化や病を目の当たりにするにつれ、〝ボディ〟の空しさを自覚するようになるでしょう。

私は、日頃からあらゆる年代の女性たちにお会いし、話し合う機会をなるべく多くいただいています。

20代から90代までの、九州から北海道に到る日本各地に暮らす女性たち――彼女たちひとりひとりが、あらゆる色の光を放ち、いきいきと話す姿はいつも感動的です。

20代、30代は知識を貪欲に取り入れ、日々努力していて、時間が足りないと嘆きながらも、その目はきらきら輝いています。

40代は、これまで努力してきたことをより深く重い物にしようとこれもまた必死の仕上げの期間です。

50代、60代の女性たちは私がもっとも多く会って話す方々で、言葉にならなくても相互理解ができる心地よい年代です。まだまだ、やりとげたい仕事を持って、日々忙しくしていらっしゃるというのも最近の現象です。

このことは、年々、日本の女性の健康度がより進化し、パワーアップしている証なのかもしれません。

しかし、もっとも私が、勇気をいただくのは、70代、80代、90代の明るく前向きな女性たちの姿です。

共通していえることは、彼女たちの内面の強さ。

自ら進んで私の心の扉を叩く寛大さと好奇心がまばゆいのです。

私よりずっと人生経験も積んでおられるのに決して威圧的でなく、いつもあらゆる年代の方々と楽しく過ごすことを、生きがいにしていらっしゃるのです。

ある女性は今年92歳。ご主人は他界されましたが、息子さん夫婦やお孫さんに囲まれ、普段は自分の世界を持ち、一人暮らしを素敵にプロデュースしていらっしゃる。

まだまだ、私の周囲には、魅力的な女性が何人もいらっしゃいます。

こんなふうに人生の先輩に囲まれている私は、若い頃あった迷いからも遠ざかり、必要以上に飾ることに興味もなくなりました。

美しいお手本となる女性たちに会って勇気をもらうこと。

また、そんな彼女たちを素敵と思える自分でいることはなんと幸せなことか。

そのためには日々の選択が大切です。私たちは、自分で何を選択するかで、人生の分かれ道を一つ一つ進むことになります。

自分の内なる声に耳を傾け、人生を進むことが、「自信」につながるのです。

RULE OF SEDUCTION

セダクションのルール

これからの自分の指針は、輝いている年上の女友達。

私はこんな年のとり方をしたい

私の理想的な年のとり方。

それはボディ派からハート派に変わることです。

若いときと違うのは、肉体的衰え。

でも、精神的に強くなり、心が元気になれば、不思議とその人全体がいきいきと若々しく見えてきます。

反対に、若くても老人のように、元気のない人もいます。

おしゃれも、若いからこそ身につけられた物とはいさぎよくさよならです。

ただ、年をとったからといって、いかにも高価そうな重々しいものを使ってもかえって相手に威圧感を与えるでしょう。

年をとるとたくさんの素敵な思い出が持てるのですから、なるべく物欲からは解放されて生きたいと思います。

そして、一番大切なことは、〝心〟です。
ボディの衰えを気にするボディ派からハートの元気を保つハート派に変わるのです。

〝笑い〟を家の中で作ること。
怒らないこと。
疲れたと言わないこと。
他人の悪口を言わないこと。
自分を嘆かないこと。

ボディは老いてもハートは年をとらせない。それが大切なのです。

ハート派とはいえ、「見た目」をなおざりにするわけではありません。

あきらめないで、美しさを追求することは大切です。

とくに大切なのはスキンケア。

肌が美しくなければその上から、アイシャドウや、おしろいをいくらつけても何もなりません。食べ物に有機野菜があり加工食品を避けるように、最近はスキンケアにも肌に害のないものが求められるようになったことはとても嬉しいことです。毎日のエッセンス＋ローションを肌の食品と考えるようにしましょう。


ハート派は精神的ゆとりが持てます。

それは、**大きな波動となってまわりに伝わり、多くの人を幸福にしてくれるはずです。**

RULE OF SEDUCTION

セダクションのルール

ボディではなく
ハートにフォーカスする。

あなたのアイデンティティはなんですか？

ハート派で生きるには、自分の心の声に耳を傾ける必要があるのかもしれません。あなたは自分の心の声に耳を傾けていますか？

私たちは、年齢や経験を重ねるごとに、「自分の選択が必ずしも自分の心の声に従っていたわけではない」ということに気づきます。

世の中の流れであったり、まわりの意見であったり。

そうしたものに左右されてきたことをあとから知ることになるのです。

和を尊重する日本人は、とくに周囲と協調することに重きをおきます。

それは本来、美しいことかもしれません。

でも、一生自分の世界を持たず、ただ周囲の世界に溶け込んで生きることは、かなり苦痛を伴うのではないでしょうか。

自分が本当に好きなことに出会ったら、その宝を育てていく。

「ハート派」にとって、とても大切なことのひとつです。

「忙しくて、好きなことなんてやれない」という方もいそうですね。

そうしたら、仕事や家事など忙しい合間をぬって、もしくはみんなが寝静まった夜に、思い切り「好きな世界」にひたるのはいかがでしょうか？


ジョゼフィーヌの好きなもの、それは「バラ」でした。

バラはジョゼフィーヌの代名詞、アイデンティティでもあったのです。


アイデンティティというと自分の生まれた国、故郷、名前、つまり、自分を形成するものが浮かびます。自分がどこの誰なのかをみんなに説明するためのアイデンティティです。

でも、成長するにつれ、私たちは、自分独得のもうひとつのアイデンティティを身につけていきます。それは何か自然に引き寄せられていって好きになり、一生を通じて離れられなくなる恋人的なもの。

とはいえ人間ではありません。おしゃれ小物であったり、趣味であったり、ヘアスタイルであったり……誰かがその人を思い出すとき、必ず一緒についてまわるもの。

たとえば、ミャンマーの政治家のアウンサンスーチー女史の髪にあしらった花。

たとえば、ジャクリーヌ・ケネディ元大統領夫人（のちのジャクリーヌ・オナシス）の丸いサングラス。

これらは彼女たちの立派なアイデンティティなのです。

そして、ジョゼフィーヌにとってのアイデンティティといえばバラ。

バラこそ彼女の晩年の孤独を支えたものだといえるでしょう。


あなたにはアイデンティティと呼べるものがありますか？


それは、アウンサンスーチー女史やジャクリーヌのような髪かざりとしての花やサングラスかもしれません。

ジョゼフィーヌのように庭で育てる草木かもしれません。

歌を唄うことかもしれませんし、また、踊ることかもしれません。

それは、若い頃から視界の中に入っていたものかもしれませんが、いつしか、あなたが成熟を迎えたときその存在に気づかされます。成熟期に出合ったアイデンティティとはしっかりとした絆で結ばれるものです。なぜなら、自分を知りぬいた貴女が選んでいるから。貴女が天国に召されても、あなたのアイデンティティとして、きっとこの世に残るでしょう。

RULE OF SEDUCTION

セダクションのルール

自分で気づいて選んだ、アイデンティティを持つ。

ジョゼフィーヌのバラ

ジョゼフィーヌのバラへの愛は、とくに、1809年にナポレオンから一方的に離縁されたあとに開花します。

もともと、彼女の人生はあらゆる美しいもので彩られていました。というより、それらの美しいものを彼女が引き寄せ、愛情を注いだからこそ、彼女の存在そのものの美しさがよりいっそう引きたてられたのかもしれません。

ドレス、メイク、ジュエリー、宮殿、宴……。

彼女が育てていた巨大なヤシの木や目立たない小さなヒースの木々は、彼女が育ったカリブ海の島・マルティニークで目にした心の原風景でした。

彼女は18世紀、この島の小貴族の家に生まれました。

本名はローズ。バラという名を持つ少女でした。

18世紀末、貴族たちに英国式のガーデニングが好まれ、百合とチューリップに代わってバラが花の王座を占めます。貴族たちは競って「イングリッシュガーデン」にバラの木を植えたのでした。また、装飾芸術の発展と共に、バラのモチーフはインテリア、家具、壁紙、陶器、タピストリーに用いられました。

ジョゼフィーヌがバラに本格的に情熱を傾け出したのは、マルメゾンの館を購入してから。1798年1月にナポレオンがイタリアからパリに戻ったとき、二人は静かな自然に囲まれたマルメゾンの館を気に入り、翌年、この家を買います。その後ナポレオンが第一執政官だった1799年から、1804年に皇帝になる直前まで、マルメゾンは週末、夫妻が家族と過ごす館となりました。

ジョゼフィーヌは、庭を1・5倍の広さにし、自然界の動物を放し飼いにしバラを育てます。たくさんのバラを育てるのでなくオランダや、英国の船で送られてくる珍しいバラの苗を、一つ一つ鉢で育てました。

ジョゼフィーヌのこうした自然界の生物に対するつき合い方、愛情をこめた育て方は、彼女のアイデンティティを作っていきました。

ナポレオンに離縁されてからは、彼女の人生の中のバラの占める場所は、徐々に増えていきました。

英国や、オランダの苗の販売業者たちが運んで持ってくる中国、日本などのアジアのバラと、西洋のバラを交配させたハイブリッドローズを誕生させたのもジョゼフィーヌでした。

彼女は他にもあらゆる自然界の生物を愛し、マルメゾンの庭で育てましたが、とくに、最愛のバラの一つ一つには丁寧に話しかけたことでしょう。

彼女が終始見続けていたのは、生まれ故郷の自然豊かな海と田園風景だったのかもしれません。

アイデンティティはひょっとしたら、自分で新しく見つけ出すというより、くり返し貴女の心の風景の中に登場するものに気づくことで、見つけ出せるのかもしれません。
それを、しっかり自分の手のひらでつかまえ、離さないようにすること。
それはきっと貴女の一部となって貴女を守り続けるのだと思います。

１８１４年ジョゼフィーヌはその生涯を終えます。
ナポレオンはその7年後の１８２１年、セントヘレナ島で最期のときを迎えました。

そのとき、ベルトランに頼んで、庭に咲くバラを1輪、枕元に持って来るよう告げたといいます。おそらくこのバラに、彼はジョゼフィーヌへの最期の想いを託したのだと信じます。

貴女は、どんな姿でまわりの大切な人たちの思い出になりたいですか。

これこそ、あなたが最期に放つセダクションだと思いませんか。

RULE OF SEDUCTION

セダクションのルール

愛する人に美しい姿を思い出してもらえる女になる。

おわりに　美意識と強い心を持って

「若い方から何回となく伊藤さんの本を拝見して、年を重ねることが怖くなくなりました」

そう言われたことがあります。

そうなのかしら。

年をとることがそんなに怖いものなのでしょうか。

そのたびにそう思ってきました。

私は若い頃から、早く大人になって、自分をしっかり持って生きることができる日を待ちのぞんでいました。若い頃は何をするにも自信がなく、みんながそうしているからという理由だけで同じようにしてしまう自分。そんなはっきりとした望みの見つからない自分が嫌いで、20代のうちから、早く50歳になることを願っていました。

その後、結婚、子育て、仕事を通し、さまざまな人々と出会い、さまざまな経験をするなかで私なりの人生の形ができてきました。

今は私も主人も年はとりましたが、微笑みは、若い頃より素敵です。

いろんなことがありました。たくさんの別れがありました。

楽しいことに混じって哀しいことが思い出されます。

私は何でも、つらいことに出くわすたびに真っ向から向き合ってきました。

これからもオブラートに包まないで、自分を信じて、生き抜いていこうと思っています。

つらい経験のたびに足を踏んばって自力ではい上がったからこそ今日がある

——私はそれをジョゼフィーヌの人生を通して伝えられたらと思うのです。

ジョゼフィーヌの存在を知ったのは、10年ほど前のことでした。

そのときは、ナポレオンの最初の妻で魅力的でセンスも良く、またコルシカ出身のマナーも知らない小柄なナポレオンを皇帝にまで上らせた頭のいい女性、という表面的なことしか知りませんでした。

しかし、彼女のことをもっと知りたくて、私はもっとも親しいフランスの友人で作家のマダム・ペロルにそれを伝えました。すると、彼女からこんなメッセージと共に、何冊もの彼女の人生に関する本が送られてきました。

「この世にも珍しい素敵な女性に貴女も魅せられたのね。わかるわ。私も、彼女についての本をできれば書きたいと思っていましたもの。でも、貴女が書くなら、喜んで協力しましょう。ジョゼフィーヌが、日本で貴女によって新たな生命を授かるために」

こうして送られてきた何冊もの書物をこと細かに読めば読むほど、ジョゼフィーヌが生涯を通していかに孤軍奮闘したか、繊細で小柄な彼女に素晴らしい勇気とバイタリティが存在していたかに気づかされたのです。

時代も場所も離れたこの日本の地で、私に力強く語りかけてくれるジョゼフィーヌ。しかし、彼女を通して、私たちが見えない糸でつながっていることを私のみならずこの本を読んだ方々が気づかれることでしょう。


今日のパリはフランス革命ののち、「世界に誇る美の都」として私たちを魅了し続けています。フランスに美しい文化が残ったのは、美しい物の数々を革命後に貴族の特権からブルジョワに移行させたナポレオンの偉業の結果でもありました。

そして、パリモードがなぜ、ユニフォームを嫌った創意工夫から成り立っているかなどを思うとき、そしてその原点にあるのが、ナポレオンとジョゼフィーヌの二人の結びつきだと知るとき、二人の功績の偉大さに気づくのです。

今日の世界には、これまでにないあらゆる変動が起こりつつあります。

私たちに今必要なのは、ジョゼフィーヌに宿る美の意識と強い心なのではないでしょうか。

伊藤緋紗子

いとう・ひさこ

横浜生まれ。上智大学外国語学部、同大学院仏文科修士課程修了。在学中にフランス政府給費留学生として渡仏。フランス語の翻訳家・教師を務めるほか、恋愛、生き方、美容、ファッションなどの分野で、フランスと日本の事情に通じた女性ならではの視点を生かしたエッセイや講演などで活躍。訳書に『ロスチャイルド家の上流マナーブック』『マダム・クロード　愛の法則』など、著書に『パリが教えてくれること』『熟女は薄化粧　年齢を味方につける大人の生き方』『華の人 有田に生きた薔薇の貴婦人・敏子の物語』など多数。

編集協力

御友貴子

フランス女性《じょせい》の永遠《えいえん》の憧《あこが》れ
ジョゼフィーヌに学《まな》ぶ

年《とし》をとるほど愛《あい》される女《おんな》になる方法《ほうほう》

二〇一八年五月二〇日　初版印刷
二〇一八年五月三〇日　初版発行

著者　伊藤緋紗子
装幀　大野リサ
発行者　小野寺優
発行所　株式会社河出書房新社
東京都渋谷区千駄ヶ谷二-三二-二
電話　〇三-三四〇四-一二〇一［営業］
〇三-三四〇四-八六一一［編集］
http://www.kawade.co.jp/
組版　KAWADE DTP WORKS
印刷・製本　三松堂株式会社

Printed in Japan ISBN978-4-309-02687-9

『マダム・クロードに学ぶ大人の女のつくり方』

伊藤緋紗子 著

一九六〇年代初めから七〇年代まで政治家、王族、外交官たちを顧客として名を馳せたパリの高級娼婦館の女主人、マダム・クロード。彼女によって身も心も磨き上げられた〝娘たち〟の多くは、ここで人生の伴侶と出会い、幸せな結婚生活へと旅立っていった。『マダム・クロード 愛の法則』に彼女が記した言葉を手がかりに、著者が自らの人生経験もふまえて説く、大人の女にふさわしい愛し方。